KB157908

돼지띠

윤 광 봉

국학자료원

머리말

띠에 대한 풍속은 오래 전부터 여러 나라에서 행해져 왔다. 민간에서는 새해 초하룻날을 닭의 날, 초이튿날을 개의 날, 초사흗날을 양의 날, 초닷새날은 소의 날, 초엿새날은 말의 날로 정했으며 초이렛날을 비로소 사람의 날로 정했다. 이러한 동물들은 아마도 우리 주위에서 쉽게 접할 수 있어 선조들의 생존과 관련되기 때문에 이들을 숭상하고 범과 용같은 무서운 것들은 토템으로 숭배하였을 것이다. 이 중에서도 특히 돼지는 여느 동물과는 달리 어리석고 욕심많은 동물로 대두되곤 한다.

그러고 보니까 문득 어렸을 때 본 초등학교 교과서에 실렸던 돼지형제 얘기가 생각난다. 돼지 형제 12 마리가 소풍을 가는 장면이 그것이다. 어느 날 돼지 12 마리가 소풍을 가는데 목적지에 도착하여 모두 잘 왔는지 점검을 해 보았다. 그런데 이상하게도 한 마리가 모자랐다. 그래서 그 중에 한 녀석이 다시 세어보았다. 한 마리 두 마리 세 마리 … 그러나 분명히 12 마리이어야 할 돼지가 11 마리였다. 그래서 이번에는 또 다른 돼지가 세어 보았다. 그러나 역시 마찬가지였다. 결국은 숫자를 헤아리는 자신을 빼고 세다보니 한 마리가 항시 부족한 것을 모르고, 그들은 하루종일 잃어버린 한 마리의 돼지를 찾으려고 꿀꿀 대며 헤매었다.

이 글을 통해 일찍부터 돼지는 어리석음의 상징으로 우리의 기억 속에 남게 되었다. 그러다 보니 돼지는 밥만 먹는 욕심쟁이 즉 밥통 내지는 바보스런 존재로 남게 되었다. 더구나 돼지우리는 더럽기 짝이 없다고 해서 더러운 장소나 지저분한 방을 보게 되면, 돼지우리간이라 치부해 더러움의 상징으로 둔갑을 했다. 또한 그저 게걸스레 먹고 잠만 퍼져 잔다고 해서 많이 먹고 잠만 자면 너는 돼지 같다고 조롱하기가 일쑤이다. 게다가 잘 길러서 고기로 먹기 위해 목이라도 딸라치면 엄청나게 큰 소리로 울어대어, 사람들끼리 소리 크게 지르면 돼지 멱 따는 소리한다고 핀잔을 준다.

이러고 보니 돼지는 온통 어리석고 더럽고 게으르고 소리만 시끄럽게 질러대는 상징동물로 여기게 되었다. 그러나 생태학적으로나 실제 생활과 설화에 나타난 돼지의 성향은 그렇지 않음을 말해 준다.

이를테면 돼지새끼는 어미젖을 먹기 위해 각자의 젖꼭지가 정해져 있어 많은 새끼들이 한꺼번에 젖을 먹어도 절대로 남의 젖꼭지를 빠는 일이 없다. 어미가 몸의 방향을 바꾸어도 그것은 마찬가지이다. 또한 몸에 흙이 묻는다던가 더러워지면 반드시 목욕을 한다. 주인이 우리에 조금 신경을 써 준다면 함부로 오줌을 눈다던가 하지를 않는다. 그런가 하면 멧돼지가 산행을 할 때 사냥꾼들을 피하기 위해 산을 가로 질러가는 모습을 보게 되면 그가 얼마나 지혜로운 동물인가를 감지할 수 있다. 이를 보고 누가 돼지를 더럽고 지혜롭지 않다고 하겠는가. 그래서인지 돼지띠에 태어난 사람들은 그 운세 자체가 매우 좋은 운을 타고난다. 이를테면 재산 복이 있다던가 인간관계가 그 어느 띠보다도 원만하다던가 하는 것이 그것이다. 따라서 돼지띠는 대체로 어느 띠하고도 잘 맞는 성향이 있다.

본 책은 바로 이와 같은 돼지띠 성향에 대해 여러 면에서 관찰해 본 것이다. 그러나 막상 이에 대한 자료를 구하려니 의외로 적어서 애를 먹었다. 이 점에서 특히 독자의 양해를 구하는 바이다. 그럼에도 본 책이 돼지띠 여러분과 모든 분들에게 다소 도움이 될 것으로 확신한다.

1998년 1월

목차

자료편

설 화

Ⅰ. 돼지의 미소

굿판에 등장하는 죽은 돼지 머리를 볼 때마다 잊혀지지 않는 것은 역시 그 착하디 착하게 닥아오는 입가의 미소이다. 어느 동물이 죽고 나서 그렇듯 행복한 잠에 취한 모습을 띄우고 있을까. 며칠전 시장통을 지나다가 도마질하는 아주머니 옆에서 이 모습을 보고는 나도 모르게 또 미소를 지었다. 그래서인지 이러한 돼지의 모습을 볼 때마다 죽어서 까지 남을 원망하지 않고 죽는 동물은 돼지뿐이라는 생각을 다시 하게 된다. 그러나 돼지가 죽어서 다 이렇듯 미소를 짓는 것은 아니다. 멱(목)을 어떻게 따느냐에 따라 그 얼굴 모습이 달라진다. 잘못 따면 어느 경우는 얼굴이 일그러지고 어느 경우는 화나는 모습이 될 수도 있다.

◇ 12지 신상의 돼지 민화

어렸을 때부터 사람이 주는 밥찌꺼기를 불평없이 먹어 대고 그 먹는 모습이 너무 게걸스런 것 같아 사람들은 욕심꾸러기의 대명사로 돼지를 꼽는다. 어쩌면 착하기만한 그에게는 그것같이 불만인 것도 없을 것이다. 실상 대부분의 동물 치고 게걸스럽게 먹지 않는 동물이 어디 있을까.

그런데도 유난히 돼지는 더럽고 욕심 많은 동물의 대명사가 되고 말았다. 그렇게 빈정되면서 사람들은 그를 잡아 신에게 받치는 희생양으로 올리고, 신께 드린 신성물이라고 하여 의식이 끝나면 그 고기를 나누워 먹는다. 왜 그렇듯 많은 동물 중에 하필이면 돼지란 말인가. 이로 볼 때 돼지에게는 여느 동물과는 다른 그 무엇이 존재하기 때문일 것이다. 이러한 생각으로 이 동물에 대한 여러가지 면면을 살핀다는 것은 확실히 뜻있는 일일 터이다.

돼지는 원래 예사 동물처럼 야생동물이었다. 물론 지금도 야생인 멧돼지가 있긴 하지만 옛날엔 가둬 키우질 않았던 것이다. 그러던 것을 그 뒤 울안에 가두어 키우기 시작했다. 그 시기는 동남아시아에서는 대략 4800년전으로 보며, 유럽에서는 약 3500년전으로 보는 것같다. 그러나 개량종 돼지가 우리나라에 들어온 것이 1903년으로 되어 있는 것을 보면 우리의 경우는 다른 나라에 비해 그리 오래 된 것이 아니다.[1]

---

1) 동아세계대백과사전 10권 13쪽 참조 동아출판사 1984.. 중문대

돼지는 포유류로서 멧돼지과에 속하며, 현재 전 세계에서 사육되고 있는 품종은 약 1000 여종에 달한다. 새끼를 낳을 때는 10분에서 15분 사이로 낳는 다산 동물이기 때문에 돼지는 多産의 상징으로 되어 있다. 이러한 돼지를 먼저 생태학적인 면에서 살펴보기로 한다.

사전 참조 중화학술원 인쇄   중화민국 51년

II. 돼지의 생태

전언한 바와 같이 돼지는 원래 야생동물이었다. 그래서 지금도 돼지는 멧돼지과에 속하며, 유라시아 멧돼지 Sus Scorfa에 연원을 둔다. 유럽 멧돼지는 유럽의 전역에 야생하는 것으로서 두골이 비교적 좁고 길며 콧날이 곧고 얼굴이 길다. 이에 반해 아시아 멧돼지는 그 분포가 너른지라 꽤 생김새도 다양하며 비교적 두골이 짧고 넓다. 이것을 가축화한 돼지는 십자부와 어깨 높이가 거의 비슷하고 후구가 발달되어 있으며 등이 아래로 휘고 사지가 짧은 편이다. 돼지는 도작문화권(稻作文化圈)에서 받아들이기

쉬운 정착성 있는 가축이기 때문에 유동성 있는 유목민족
에겐 맞지를 않았다. 그래서 우리나라엔 안성맞춤이다.

산돼지를 흔히 멧돼지라고 하는데 이의 성향을 보면 그
동안 우리가 알지 못했던 재미난 현상이 꽤 나타난다. 멧
돼지는 안식처를 정하되 조용하면서도 도망가기 쉽고 양
지 바른 곳을 택하는 것이 일반적인 경향이다. 거기에는
우리가 상상할 수 없는 진흙목욕탕이 반드시 있다. 이것
은 돼지가 더럽다는 우리의 관념을 다시 생각하게 한다.

이를테면 산돼지는 의외로 목욕을 자주 하는데 목욕하
고 나서는 반드시 등을 나무에 비빈다는 사실이다. 만일
에 상처가 나게 되면 이들은 지혜롭게 송진으로 치료를
한다. 이로 볼 때 돼지를 미련하고 더러운 동물이라 하는
것이 얼마나 편견인지 알겠다.

또한 옥수수는 멧돼지가 제일 좋아하는 먹이이다. 그래
서 멧돼지 사냥을 나갈 때는 이를 미끼로 삼기도 한다.
그러나 이 먹이를 놓고 유인을 해도 속지 않는 것이 멧돼
지이다. 이것은 이들이 더럽고 미련한 동물이 아니라는
예증이다. 멧돼지는 집돼지보다 주둥이가 길고 목이 짧다.
코는 연골로 되어 있는데 취각이 상당히 발달해 있다. 반
면에 시력은 약하다. 이들이 활동하는 시간은 일출과 일
몰 전후에 활동을 하는데 배를 채울 때까지 활동을 계속

한다. 그리고 자기가 확보한 먹이는 다른 놈이 접근하지 못하게 한다. 그리고 입천장이 빨래판같이 우둘틀해서 먹이를 확보하는데 유리하다.

이들의 짝짓기는 힘의 논리에 의해 이뤄지며 대체로 11월에서 1월 사이에 행한다. 역시 힘센 놈이 먼저 차지하며, 그 결과 대체로 2월에서 5월 사이에 새끼를 낳는다. 그리고 새끼를 낳을 때는 부드러운 풀로 보금자리를 잘 만든다. 새끼 기르는 것은 물론 암컷이다. 그러다가 숫컷은 7,8개월 함께 잘 있다가 내쫓긴다. 요즈음 간 큰 남자 씨리즈에서 남성들의 수모가 이만저만이 아닌데 그 원류가 돼지에서 비롯됐나 싶어 실소를 금할 수가 없다.

이러다 보니 숫컷은 단독생활을 하게 되고 암컷은 모계사회를 이루게 된다. 그리고 또한 멧돼지는 식성을 가리지 않으며 함부로 힘을 낭비하지 않는다. 그러나 육식보다는 주로 도토리, 감자, 버섯, 풀뿌리 등을 먹는다.

산돼지의 영리함은 그의 활동을 보면 알 수 있다. 산돼지가 산등성이를 지날 때 경사가 완만한 곳을 끼고 간다는 사실은 자세히 관찰하지 않으면 알기 어려운 것들이다. 이것은 그만큼 달려가면서도 힘을 낭비하지 않고 가겠다는 그의 지혜에서 비롯된 것이다. 산돼지는 환경력에 대한 적응력이 대단히 예민해 스스로 생존조건을 잘 일구며 살아가고 있다. 그의 방어력도 대단해 호랑이 외에 대적할 자가 없을 정도이다. 오죽하면 힘있게 밀어붙일 때 쓰는 말로 猪突的이라는 표현이 나왔을까. 결국 집돼지는 바로 이 멧돼지를 사육해서 길들인 것이기에 그 성품이 크게 다를 것이 없다 하겠다.

　이로 볼 때 돼지가 욕심이 많고 더럽고 부끄러움이 없으며, 어질지 못하면서 저돌적인 행동만을 하는 동물로서의 인식은 생각해 볼 일이다.

Ⅲ. 돼지는 뱀의 천적

그러면 오늘날 우리들이 쓰고 있는 돼지와 관련된 용어
는 어떤 의미를 담고 있는 것일까. 이를 한자에서 잠시
생각해 볼까 한다.

돼지를 뜻하는 한자는 다양하다. 먼저 돼지의 뜻을 지
칭하는 것은 아니지만 우리의 가장 중요한 안식처인 집의
의미부터 짚고 넘어가고자 한다. 집의 뜻을 지닌 한자어
인 가(家)자를 보면 움집(' ') 밑에 돼지가 들어 있는 형상
이다. 움집은 오늘의 관념으로는 매우 초라한 인상이지만
옛적에야 아주 훌륭한 주거공간이다. 그런데 그 집 속에

사람 대신 돼지가 들어있다는 것은 재미있는 일이 아닐
수가 없다. 이것은 곧 돼지와 주거지인 안식처의 관계가
보통 사이가 아님을 뜻한다. 언뜻 집(家)이라는 단어가 동
물보다는 사람의 거주지를 생각하기 마련이기에 이 글자

◇ 승가사 다리의 돼지

는 한 번 새겨볼 여지가 있다.

그렇다면 움집에 사람 대신 돼지가 웅크리고 있으니 돼지와 사람이 옛적엔 더불어 살았다는 의미일까. 멀리 생각할 것도 없이 제주도의 돼지고기가 유난히 맛이 있다는 것은 돼지 갈비 좋아하는 사람은 누구든지 아는 얘기이다. 요즈음에는 본 고장을 벗어나 서울 태릉으로 옮겨와 이곳이 돼지갈비의 명소가 되었지만 어찌 본 고장 그 맛만 할까.

그러나 그 돼지가 왜 맛있는가를 캐어 보면 인상을 찌푸리고 질겁을 하는 사람이 있을 것이다. 바로 돼지가 측간 밑에 있다는 것을 알게 되면 정갈한 척 하는 사람은 당장 구토를 일으킬 수 있기 때문이다. 지금은 아주 드물게 되었지만 10여년전 까지만 해도 제주도 친지집에 놀러 갔다가 아무 것도 모르고 측간에서 큰일을 치루다가 갑자기 꿀꿀대면서 꼬리를 흔들어 대는 바람에 기겁을 하고 도망을 치는 일은 자주 있는 일이었다. 필자도 80년대 초에 겪었던 일이다.

그런데 그것과 똑같은 구조의 돼지우리를 91년도 오끼나와에서의 설날을 조사하러 갔다가 그곳에서 확인했다. 그곳에서도 역시 돌로 우리를 만들고 그 위에 사람들이 용변을 보는 구조 그대로였다. 우연의 일치인지는 몰라도 양쪽이 다 외딴 섬인지라 재미있는 일로 여겨졌다. 그런

데 이들 섬에는 한결같이 뱀이 많다는 것이다. 제주도에
뱀이 많다는 것은 아는 사람은 다 안다. 지금은 옛얘기가
되었지만 80년대까지도 제주도엔 뱀이 꽤 많았다. 지금도
뱀은 제주도민의 신앙대상이다. 그래서 토산리 굿당에서
는 재미난 전설과 함께 굿으로 연희화되어 신성 동물로
여긴다. 그런데 뱀의 천적이 돼지라는 것을 아는 이는 그
리 많지 않다. 하지만 우리 옛조상들은 이것을 일찌기 터
득하여 실천에 옮긴 듯하다.

　먼 옛날 사람들은 동물들에게 괴로움을 많이 당했다.
그래서 이를 피하기 위해 집을 짓되 지상에서 조금 떨어
지게 올려 지었다. 오늘날도 볼 수 있는 원두막의 모형이
그러한 예이다. 그러나 위험은 언제나 존재해 있었다. 그
중에서도 특히 독사는 물리면 즉사를 하기 때문에 사람들
이 제일 질색하는 것 중의 하나이다. 그래서 여러가지로
방도를 구하다 자세히 관찰을 해보니 뱀이 돼지를 무서워
하는 것을 알게 되었다.

　그리하여 야생돼지를 집안으로 끌어들여 길을 들이게
된 것이다. 밖에 있는 야외 변소에서 일을 볼 때 뱀이 기
어오른다고 생각하면 누구나 소름이 끼칠 것이다. 그러나
다행히도 밑에서 돼지가 꿀꿀대니 그 무서움은 없어도 된
다. 그래서 돼지는 바로 벌거벗은 인간을 보호하는 수호

신이 되었다. 그러한 신성한 동물을 사람들은 또 무자비하게 잡아 먹는다. 그런데도 죽어서는 원망보다는 사람들이 오히려 불쌍하다는 듯 미소를 잊지 않고 있으니 얼마나 거룩한 동물인가. 그리고 보면 하느님이 따로 있는 것이 아니라 바로 이 돼지가 하나님이라는 것을 감지하게 된다. 그래서 갓머리(宀)속에 돼지를 모셔 보금자리인 집(家)을 만든 것인지도 모른다.

또한 아주 옛적엔 하늘에 제를 올릴 때 사람을 희생으로 삼았다. 그런데 이를 지속하다 보니 너무 끔찍한 일이 많았다. 사람이 같은 사람을 죽여 희생으로 받친다는 것이 예사 일이 아니었기 때문이다. 이때 사람을 대신하여 돼지를 받치게 되었으니 오늘날 젯상에 오른 돼지가 바로 그것이다. 이것은 돼지와 사람이 동격임을 알 수 있다.

돼지와 사람의 생체가 비슷하다는 얘기는 옛부터 있었다. 그런데 그러한 얘기가 사실임이 확인되었다. 그것은 최근에 사람의 피를 가진 돼지를 만들어 낸 것이다. 피를 만드는 효소인 유전자를 돼지 자궁 속에 주입시켜 만든 이 人血돼지는 피뿐만 아니라 장기까지도 그 기능이 사람의 것과 비슷하다는 것이다. 그 많은 짐승 가운데 생리와 체질이 사람과 비슷한 것으로 돼지가 있다는 설은 일찌기 있었지만 현대 과학으로 이를 증명하게 된 것이다.

그런가 하면 사람이 애를 낳으면 금줄을 치듯 돼지도 출산후 금줄을 친다. 상주나 부정한 사람이 출산한 돼지 우리를 보면 부정을 탄다는 얘기이다. 그래서 탈이 나거나, 새끼가 죽거나 병이 들거나 좋지 않은 일이 생긴다는 것이다. 똑같은 가축임에도 불구하고 유난히 사람의 산후 관리까지도 닮았다.

재미난 것은 독일의 농촌에서는 전통적으로 부인들의 젖이 불으면 돼지 새끼에 그 젖을 빨린다고 한다. 이것은 인간의 모유가 돼지에게 잘 맞는다는 이야기다. 그리고 보면 돼지와 인간의 관계는 무슨 함수 관계가 있음에 틀림없다.

또한 <本草綱目>에 보면 갑자기 하혈이 심해 멎지 않으면 돼지피에 청주를 섞어 마시라든지, 몸을 다쳐 피가 많이 나면 돼지피와 석회를 섞어 환약으로 만들어 먹인다는 기록이 있다. 이는 곧 돼지피가 사람에게 잘 맞는다는 예증이다. 또한 뇌졸중으로 위난을 겪게 되면 돼지 꼬리를 잘라 피를 내어 먹이고 그 돼지를 묶어 베게 삼아 누으면 살아난다는 것이다. 그런가 하면 돼지 기름이 옴(疥癬)에 효과가 있으며, 또한 유산을 막기 위해 신선한 돼지 기름을 음질에 넣어놓고 자궁 속의 아이에게 자양분을 공급해 주기도 한다. 이처럼 돼지는 우리 인간과 밀접한 관계를 이루면서 우리에게 여러가지로 도움을 준다. 집(家)字와의 연관성을 짓다보니 이렇듯 얘기가 길어졌다.

또한 저돌적이라고 할 때 저(猪) 라는 것이 있다. 이는 옛적 북연(北燕) 에서 숫돼지의 뜻을 지닌 가(豭)의 뜻으로도 통했는데 숫돼지의 의미가 있다. 이는 남성적인 강인함을 숫돼지에 비유한 것일 것이다. 또한 관동 서쪽에선 체(彘)라 쓰는데 이것은 시(豕)라고도 한다. 그런가 하면 남초에선 희(豨)라고 하며 이 둘은 모두가 큰돼지를 의미한다. 이 외에도 돼지새끼의 뜻인 유(⿰豕有). 작은 산돼지인 군(⿰豕君), 큰돼지의 린(⿰豕粦), 변(⿰豕便), 햇돼지인 종(豵), 암퇘지인 수(⿰豕遺), 선(⿰豕先)과 그리고 애(⿰豕艾), 지(⿰豕巵) 만(⿰豕萬) 등이 있다.

한편 이와 관계되는 한자성어(漢字成語)를 보면, 돼지의 속성을 알 수 있어 참고가 된다.

먼저 사람 대우를 하는데 예우로써 하지 않음을 비유하는 '시교수축(豕交獸畜)'이라는 말이 있다. 이는 돼지가 다른 짐승과 사귈 때 제대로 친하지 못하고 놀림을 받은데서 연유된 것이다. 이것은 <돼지에게 왜 뿔이 없나?> 라는 연변에서 전해오는 얘기를 참고하면 이해가 가는 성어(成語)이다. 이에 대해선 설화 편에서 언급할 것이다.

앞뒤를 가리지 않고 내닫는 것을 보고 우리는 '저돌적

猪突的'이라는 표현을 쓴다. 이것은 표면만 보고 돼지의 우매함을 비유한 것이지만 돼지가 내닫는 실제 상황을 생각하면 그가 얼마나 현명한가를 알 수 있게 된다.

그런가 하면 돼지 눈같이 하고 물건을 본다는 의미의 '시시(豕視)'라는 것이 있다. 이는 돼지가 어질지 않음을 뜻하는 것으로 시심(豕心)과 의미를 같이 하고 있다. 시심(豕心)은 돼지처럼 욕심이 많고 부끄러움이 없는 마음이다. 입이 뾰족하게 생기면 돼지 입같이 생겼다고 놀려댄다. 이는 예쁘지 않은 돼지 입의 모양을 보고 빗된 것일 터이다.

또한 더럽고 지저분한 자리를 비유할 때는 의례히 돼지 우리간 같다고 얘기한다. 그러나 이것은 앞에서도 언급한 바와 같이 돼지의 속성을 몰라서 하는 소리이다. 땀을 흘리지 못한 돼지는 먹는 물을 다 대소변으로 배설을 한다. 그러니 대소변의 양이 많아서 주인이 이들이 기거하는 우리를 잘 치워주지 아니하면 이내 더러워지게 마련이다. 그러나 한쪽에 따로 배설장을 만들어주면 꼭 거기에서 배설을 한다는 사실을 대부분의 사람들이 모르는 것같다. 이런 것도 모르고 사람들은 우리에 가둬 놓기만 하고 돼지가 더럽다고 더러운 곳의 대명사로 돼지우리간을 말한다.

그리고 요즈음 많은 사람들이 즐겨 먹는 돼지 족발이라는 것이 있는데, 이것은 옛부터 훌륭한 안주로 등장했던 것이 사실인 듯 '돈제우주(豚蹄盂酒)'라는 표현이 보인다. 글자 그대로 돼지의 발굽과 한잔의 술을 의미한다. 그러나 알고 보면 돼지의 네 다리는 젖이 잘 나오게 하는 중요한 부분이다. 돼지 족발의 진국물이 젖과 유사하고 영양가가 있기 때문이다. 이것은 사람의 젖을 돼지에게 먹인다는 앞의 서술에 걸맞는 얘기이다. 아마도 세계 어느 나라를 가도 우리처럼 돼지족을 맛있게 먹는 나라도 흔치 않을 것이다. 일찌기 이 성어를 잘 익혔던 우리 민족인 것같다.

한편 자신의 아들을 낮춰서 얘기할 때 '돈아(豚兒)' 라는 말을 쓴다. 그런가 하면 수명이 짧은 집의 아이 이름을 돼지라고 부르는 경우도 있다. 이는 돼지같이 아무 것이나 잘 먹고 수명장수 하라는 의미도 들어있다 할 것이다. 그리고 산돼지처럼 용맹하며 또 그러한 군대를 희용(豨勇)이라 한다. 이런 경우는 산돼지의 용맹성을 기린 것이라 할 수 있다.

원래 돼지의 우리 말은 돝, 도야지, 되지 라고 했다. 돝이란 말은 지금 거의 사용되지 않는데 '맷톹 잡으러 갔다

가 집돝 잃는다'는 속담처럼 돝이란 말은 아직도 존재한
다.

그렇다면 이러한 성향을 지닌 돼지해에 난 사람들의 성
향도 그러한 것인가. 다음은 12지상과 돼지의 관계를 살
펴보고 돼지띠의 성향을 알아본다.

Ⅳ. 12支상과 돼지띠의 성향

1. 12支상의 돼지의 상징

12지에 나타난 동물은 주지하다시피 용(龍)을 뺀 나머지 동물들이 모두 우리나라에 살았음을 알 수 있다. 12지는 율력(律曆)에 말한대로 황종율(黃種律)과 임종률(林種律)이 성장 감소되는 척도를 뜻하는 숫자로서 12지상은 12율려(律呂)가 성장 변화되는 숫자의 자리를 표시하는 기호이다. 즉 자(子)로부터 시작된 성장은 일단 이 해(亥)에서 멈춘다.

하늘의 세월은 십진(十進)으로 흘렀고 땅의 세월은 12
支로 흘렀다. 天의 간(艮)은 干으로 양(陽)에 해당되고 지
(地)는 지(支)로서 음(陰)에 해당된다. 12支는 일년 열두달
과 관계가 있으니 전언한 바처럼 시작은 11월의 쥐띠로
부터 시작된다. 따라서 1월의 인(寅)으로부터 묘(卯)진(辰)
사(巳)오(午)미(未)신(申)유(酉)술(戌)해(亥)로 이어진다.[3]

돼지는 이러한 순서로 볼 때 12번째에 해당되며, 오후
9시부터 11시까지를 해시(亥時)라 한다. 순서를 따질 때
는 12번째이지만 달로 따지면 돼지는 12달중 10월에 해
당된다. 이 때를 기해 하늘과 땅 그리고 인간 셋이 화합
을 하는데 이것은 인사의 기강을 바로 잡는 것과 연관이
있다.

또한 방위로는 서북을 표시하고 진북을 기준으로 15도
로부터 40도 또는 30도의 범위이다. 해(亥)는 돼지의 골조
를 그린 문자인데 핵(核)이라는 종자의 뜻이 있다. 이는
주지하다시피 모든 에너지의 근원임을 뜻한다. 한 가운데
힘을 저축하고 있다가 시기가 오면 싹이 돋게 하는 것이
이 핵이다. 그래서 오행으로 볼 때 돼지는 수(水)에 해당
되는데 이 수(水)는 주지하다시피 생생력(生生力)과 관계
가 있다. 다시 말하면 모든 만물을 싹트게 하는 생산과

3) 김성호, 박기성 공저 음양오행통변보감 운기편 남산당, 1993.

관계가 있다는 말이다.

물의 성질은 가운데로 모이고 아래로 흐른다. 아래란 지구의 중앙으로서 물은 중심쪽으로 침투하여 모인다. 이러한 물의 성품은 한방울 한방울이 모여 단단한 바위도 뚫는 무서운 힘(이것이 바로 核의 힘이다)을 지니게 마련이다. 이 水는 사계절에서 겨울에 해당된다. 겨울은 사계절의 종착지로서 일단의 휴식을 의미한다. 이 휴식은 새 출발을 위한 준비 단계라 할 수 있다.

전언한 바와같이 물의 속성은 만물을 생장케 하는 것으로서 봄을 상징하는 나무(木)를 도와준다. 그래서 봄은 만물이 소생하는 계절이 되는 것이다. 따라서 돼지(水)가 봄의 상징인 나무(木)를 살리는 데 중요한 역할을 한다는 것은 촉촉한 대지의 모성애와도 연계된다. 그런데 봄의 상징 동물은 龍으로서 北의 상징인 돼지의 도움이 없으면 제 구실을 못하게 되어 있다.4)

이로 볼 때 오행상에 나타난 돼지의 역할은 만물을 소생시키는 물의 속성을 지니고 있으며, 이것은 곧 만인에게 복을 준다는 의미와도 상관이 있음을 알겠다. 그렇다면 앞에서 보았던 한자 성어와 관련된 단어의 의미가 너무 곡해되어 있음을 알 수 있겠다. 다음은 직접 돼지띠의 성향을 보기로 하자.

◇ 12지 신상의 돼지

---

4) 상게서 통변편 참조

2. 돼지띠의 성향

자손이 귀한 집에서는 아들을 낳으면 10세때까지 돼지라고 부른다. 이것은 돼지가 새끼를 낳을 때 여러 마리를 한꺼번에 낳기 때문에 다산(多産)의 상징이 부여됐기 때문일 것이다. 순진, 명랑, 다산(多産) 등 이러한 의미가 돼지띠의 운세와도 관련이 된 듯 싶다.

이러한 탓인지 돼지띠를 갖고 태어난 사람들은 대체로 성정이 진솔하다는 것이다. 따라서 겉으로는 거칠어 보여도 속을 벗겨 보면 그렇듯 마음이 따뜻할 수가 없다. 때로 상대방과 의견 차이가 있어도 옳은 것이라면 그쪽으로 기울어진다. 따라서 돼지띠들은 남과 큰 다툼이 없다. 남의 감정을 돋우고 분위기를 악화시키는 것을 꺼려한다. 이러한 상황은 모두 그 바탕에 인내심이 깔려 있기 때문이다.

전언한 바와 같이 돼지는 견고한 바위도 뚫는 물의 속성을 지니고 있다고 했다. 이와같은 속성이 결국 돼지 띠의 남성으로 하여금 추진력을 지니게 한다. 그래서 그는 일단 목표를 세우면 목표가 이루워질 때까지 밀고 나가는 강한 힘을 발휘하게 된다. 보이지 않는 의지와 신념이 안에 내재되어 있어 이것이 추진의 근원이 되는 것이다. 그러면서 항시 침착하며 서두르지 않고 상대를 이해하려는 마음을 지니려고 애를 쓴다. 이러다 보니 자신이 얘기하기 보다는 주로 상대방 얘기를 귀담아 듣는 편이며 설사 상대방 얘기가 틀렸다 해도 모질게 질타하기 보다는 이해하려고 하는 편이다. 이렇게 되니 때로는 나쁜 사람들에게 이용당하기 쉬워 위험한 경우도 생긴다.5)

또한 돼지띠의 장점으로 책임감을 꼽을 수 있다. 이것은 공명정대한 의리와 인정으로 연결되어 다른 사람으로부터 신뢰를 받는 큰 무기이기도 하다. 때로는 이 책임감이 상대방의 기분을 상하게 할 수도 있으나, 대체로 그러한 경우에도 결국은 상대방이 잘못됐다는 인식을 하게 되고 진심을 알고 나서는 오히려 상대방이 도와 주려고 한다. 따라서 돼지띠생들은 주위에서 알게 모르게 도와주는 사람들이 많다. 이것은 돼지띠의 큰 장점이라 할 수 있다. 또한 젊었을 때 괴로운 일을 많이 겪어도 성실히 철저하게 일에 전념하기 때문에 사람들로부터 신뢰를 받는다.

---

5) 이하 돼지띠의 성격에 대한 서술은 한림이 엮은 고대인의 우주관(흑룡강조선민족출판사, 1992) 과 동양운수학회편 12지운세보감(경문사 동경 1993)을 참조하였음.

그렇지만 대인관계의 문제를 발생시켰을 경우 성공의 기회를 잃을 때가 종종 있다. 그것은 때때로 강한 자존심과 강한 정기가 타협을 허락치 않기 때문이다. 이럴 때일수록 의식적으로 유연함을 길러 마음을 따독이는 것이 중요하다는 것이다.

그렇지 못하면 자존심이 강해서 아량이 적게 된다. 따라서 융통성이 부족해 목표하던 일이 좌절했을 때는 그 상처가 깊어서 헤어나기가 힘들다. 외견상으로는 강해 보여도 안으로는 매우 무른 편이 장점이자 단점이다. 젊었을 때는 좀 고생이 다른 띠보다는 많은 편이지만 중년으로 가서는 그 고생이 열매를 맺어 성공을 기약하게 된다. 또한 돼지띠생은 한번 받은 은혜는 꼭 다시 갚아야 직성이 풀린다. 그렇지 않으면 늘 미안한 감 때문에 찜찜해서 견디지를 못한다. 이러한 것이 또한 윗사람으로부터 신임을 받는 원인이 된다. 그러나 자존심이 강해 남과 타협하는데 조금 문제가 있으며 이것을 잘 극복하지 못하면 실패를 할 염려가 있다. 그래서 의식적으로 유연함을 키우는 것이 좋다.

따라서 한창 일 할때는 협조성의 결점을 자각하고 인간관계를 중요하게 여기는 것이 중요하다. 어떠한 일에도 실패를 두려워 하지 말고 돌진할 수 있는 특성을 충분히 발휘하는 것이 좋다. 의리와 인정이 두텁기 때문에 여러 사람들을 위해 분골쇄신하는 기회가 많게 된다. 그래서 만년에는 과거에 쌓았던 실력과 인맥, 재산에 의해 풍부한 인생을 만끽할 수가 있다. 그러나 너무 완고해 유연성이 부족한 경우가 생기면은 마음 고생이 심하다.

여성의 경우는 여성 자체가 음인데다 돼지가 음의 성질을 지니고 있기 때문에 마치 그릇에 담긴 물이 그 그릇 모양대로 형태를 이루듯 유연성이 남성보다는 더 많다고 할 수 있다. 돼지띠 여성들은 후련한 기품이 있기도 하지만 남에게 지지 않으려는 성품이 있어서 경쟁심이 강하다. 돼지띠 여성의 장점은 어떠한 일도 끝까지 수행할 수 있는 완전주의자라는 것이다. 그러나 타협하지 않는 과격함으로 인해 상대방의 반감을 일으켜 말썽의 소지가 있다. 그래서 젊었을 때는 남으로부터 간섭받는 것도 싫어하고 독선적인 면이 있다.

또한 돼지띠 여성은 적당히 요령을 피울지도 모르고 마음에 드는 사람에게 아부도 못한다. 이러한 것들은 남자들의 성품과 틀리지 않는데 의리와 인정이 두터워서 신세를 지면 반드시 갚고, 일을 할 때도 타고난 책임감 때문에 노력을 아끼지 않는다. 가정에서도 주부로서, 어머니로서의 역할을 잘 수행하며 자녀들에 대한 애정이 두텁다.

그러다보니 자녀들에 대한 과보호가 문제로 등장한다. 이 것이 지나치다 보면 아이들이 방종으로 흘러가게 하는 결 함이 있다. 한편 무딘듯 하면서 천성적으로 지닌 뚝심으 로 인해 어떠한 불행한 사태가 일어나도 결코 절망을 오 래하지 않고 바로 이를 헤쳐 나간다.

이것은 전언한바와 같은 남성의 경우처럼, 천성이 남을 헐뜯지 못하는 성격으로 남에게 폐를 끼쳤다던가 말을 과 격하게 했다던가 했을 때 몹시 고민을 하며 초조해 한다. 이러한 성격 때문에 무슨 일을 시작할 때나 권유를 받을 때 빨리 결단을 내리지 못하고 주저하는 경우가 자주 있 다. 지나친 과보호로 나중에 자녀들이 섭섭하게 할 때 그 충격이 다른 띠 여성보다 클 수밖에 없다. 어떠한 일도 합리적으로 처리하기 때문에 좋은 가정을 이룬다. 특히 만년에 돼지띠 여성들은 사랑의 대상을 자녀들로부터 탈 피하여 개인적인 취미활동을 추구하며 무언가 배우려고 애를 쓰는 편이다. 그래서 사회봉사활동에 힘을 기울이게 되면 보람을 많이 느끼게 된다.

만년엔 젊었을 때 쌓았던 실력과 인맥 또는 재산에 의 해서 풍요한 삶을 누리게 되는데, 한편으로는 타고난 강 한 정기때문에 충돌이 잦을 수 있는 점을 유의해야 한다. 따라서 이러한 경우는 주위에 있는 좋은 사람들의 협조심이 요구된다.

이러한 상황들은 다음 장에서 언급된 중국과 일본의 경우에서도 볼 수 있을 것이다.

Ⅳ. 중국인의 운세관

1. 돼지띠의 성격

한편 중국인들이 보는 돼지띠의 운세도 이러한 면을 많이 감안한 듯하다. 그들에 의하면 돼지띠의 성격은 역시 본성이 순진하고 명랑하다는 것이다. 그러면서도 매사에 강하고 의연하면서 낙관적이라는 얘기이다. 또한 돼지띠 생은 사람들과의 사귐이 극히 아름다우며 한번 사귀면 그 사람을 버리려 하지 않는데, 특히 연인들 사이에는 한번 애정을 주면 잘 바꾸지 않는 성격이 있다. 항시 위에서

복성(福星)이 높이 비춰 주어서 12支 중에서 재운이 가장
뛰어나다는 것이다.

◇ 해와달 12동물을 나타낸 일월십이지도 속의 돼지 12간지 열
두번째

　이러한 반면에 일하는데 탄력성이 없어서 자기 뜻에 따
라 일은 행하지만 수완대로 운용을 하지 못하는 흠이 있

다. 따라서 돼지띠가 가질 적합한 직업으로서 정치계, 문화계, 교통, 운수업을 권장한다.

돼지띠는 머리가 좋고 박식하지만 깊이가 없다는 것이다. 탄력성이 없고 수완이 부족하다는 것은 돼지의 천성인 게으름과 연계된 것인지도 모른다. 그러나 돼지띠의 달콤하고 이성적인 외모 뒤에는 놀라운 결단력이 숨어 있다는 사실을 알아야 한다. 그는 원할 때 언제나 권력의 자리에 앉을 수 있으나 그때마다 적이 도사리고 있다는 것이다. 항상 망설임이 있어 그게 장애가 된다. 하지만 극단으로 밀리면 거칠게 반항하고 분노의 대항자로 변한다는 것이다.

그런가 하면 돼지띠는 모든 사람을 너무 신뢰하여 사기를 잘 당한다. 돼지띠의 재산은 쉽게 없어져 버린다. 순진한 이 띠는 돈을 다루는 일을 피해야 한다. 그에게 있어 돈이란 쉽게 오고 쉽게 간다. 그는 마음이 약하고 동정심이 너무 많아 지갑끈을 움켜쥐지 못한다. 하지만 이것은 어디까지나 그 일면에 속함은 물론이다. 그래서인지 돼지띠에겐 사기꾼이나 도적이 드물다.

2. 돼지띠와 12지운

또한 배우자를 선택할 때는 양띠나 토끼띠가 좋고, 호랑이띠와 짝하면 길흉이 교차하고 그외 쥐, 소, 말, 닭, 개띠도 좋은 것으로 나타난다. 그리고 뱀띠와 원숭이띠와 짝을 하면 비록 화합이 되더라도 혹 한 쪽이 싫은 모습을 나타나게 되어 집안은 인연이 엷어져 심지어는 수를 완전히 누릴 수 없는 비운을 맞게 된다. 이것은 그들의 재치와 교활함을 당해낼 수 없기 때문이다.

돼지띠와 쥐띠의 관계는 서로 성격의 부딪침이 없고 공통의 관심을 공유한다는 것이며, 소띠와의 관계는 심한 갈등없이 대체로 무방하나 지속적인 유대가 어렵다는 것이다. 그리고 범띠의 경우는 서로 관심을 조화롭게 가지며 한 팀으로서 일을 할 수 있으며, 토끼띠와의 관계는 둘이 의사소통이 잘 되고 큰 갈등이 없다.

용띠와는 서로 절제하며 이익을 위해 협조하고, 뱀띠와는 깊은 적대 관계를 가져 갈등과 부조화를 이룬다. 그런가하면 말띠와는 서로 보통 수준의 조화관계는 이루워도 둘이 서로 특별한 매력은 느끼지 못하고 지내며, 양띠와는 서로 동료관계로서 조화를 잘 이루며 행복한 삶을 누린다. 그런데 원숭이띠와의 관계는 일반적으로 좋지 않은 것으로 얘기되는데, 여기에서는 공손한 결합이라고 찬사

◇ 중국 민화, 행운을 빎.

를 하며 서로 좋은 관계가 가능하다고 피력했다.

　한편 닭띠와의 관계는 보통 호의적인 관계이긴 하나 필요할 때만 협조하고 의사소통은 잘 이뤄지지 않는다는 것이다. 또한 개띠와의 결합은 서로 존경하는 사이이며, 연애감정으로 동반자적인 관계를 이루며, 끝으로 돼지띠끼

리의 결합은 근본적인 성격충돌로 주권 다툼이 있으며, 매우 부조화스러운 관계를 유지한다는 것이다.[6]

이로 볼 때 이러한 관계가 이뤄지는 것은 대체로 동물들의 속성과 관계가 있음을 알겠다. 뱀의 사악한 성격이라던가, 순진하고 깨끗한 양의 이미지는 가장 대비되는 성격으로 부각된다.

3. 출생시간에 따른 돼지띠의 운세

子時生(23시-1시)

내부에 쥐가 들어 있어서 투자와 평가에 매우 능숙하다. 콧대가 높거나 인정이 메마른 것을 싫어한다. 사교적이며 교양있는 친구들로부터 환대를 받는다.

丑時生(1시-3시)

정확한 습성과 완고한 견해를 가진 강한 기질이 있다.

---

6) 상동

寅時生(3시-5시)

대담하고 마음이 넓고 신체 건강하다. 감정에 이끌리기 쉽다.

卯時生(5시-7시)

자기 의무 이상은 하지 않으나 감각이 날카롭다. 파티를 잘 열며 그러면서도 자기 수수료를 잘 챙긴다. 친절하지가 않다.

辰時生(7시-9시)

사랑하는 사람들에게 온갖 헌신을 하는 강하고 책임있는 형이다. 성공과 실패가 반반이다.

巳時生(9시-11시)

끈기있게 자신의 목표를 추구하는 명상적인 형이다.

午時生(11시-13시)

혈기가 왕성하다. 지나치다 보면 다치는 수가 있다.

未時生(13시-15시)

동정심 많고 감상적이다. 공손하며 애정표시를 잘 한다. 다른 사람을 위해 열심히 일하며 몹시 관대하다.

申時生(15시-17시)

자신의 친절함의 이면에 탐욕을 숨기고 있는 형이다.

酉時生(17시-19시)

비정통적이고 비현실적이나 선의가 있다. 무료로 열심히 일을 행하며 보답 없는 일을 하려고 고집을 부린다.

戌時生(19시-21시)

개띠의 건전한 판단으로 인도를 받는 솔직하고 논리적이며 덜 관능적이다. 속임수를 결코 용서하지 않는다.

亥時生(21시-23시)

다듬어 놓지 않은 다이야몬드 같다. 깎아서 빛내줄 전문가의 손길을 기다리고 있다.

이외에도 출생시간에 따른 돼지띠의 운세라던가 , 해에

따른 돼지띠의 운세라던가, 오행에 따른 돼지띠의 운세가
참고할만하다.

V. 일본인이 본 운세관

다음은 일본인이 본 돼지띠의 운세이다. 이것은 어디까지나 기본적인 운세임을 감안해야 할 것이다. 먼저 돼지해에 태어난 사람의 건강운이다.

1. 돼지띠의 건강운

돼지띠는 대체로 건강을 타고 나기 때문에 병에 대한 저항력도 강하고 설사 병이 난다 해도 빨리 회복이 된다는 것이다. 그래서 오랫동안 병원에 입원하는 경우가 그리 많지 않다. 그리고 체력적인 자신도 있어 이를 믿고 열심히 일하다 보면 무리를 불러 과로할 염려가 있다. 정신적으로 물론 강하지만 인간관계에서 받는 스트레스를 받는 경우 빠른 기분 전환이 필요하다. 자칫 오래 지속되어 마음을 상하기 쉽기 때문이다.

그리고 일반적으로 편식을 하는 편이 아니라고는 하지만 영양을 고루 취할 필요가 있다는 것이다. 특히 변비라던가 신장 그리고 허리 아래에 병이 날 염려가 있으니 이 점에 주의해야 한다. 어렸을 적에는 기관지염이 약한 편으로 급한 성격때문에 사소한 일로 그르칠 수 있고 순환기 계통에 영향을 미칠 수도 있다. 이외 과식으로 인한 위장장애도 주의해야 한다.

열심히 일할 때는 너무 빠져 과로로 인해 건강을 그르칠 수 있으니 건강을 과신하지 말고 때때로 심신전환을 해야 한다. 특히 사업상 접대를 많이 하는 사람의 경우 고혈압 심장등 순환기 계통의 장애가 올 수 있으니 이 역시 유의해야 한다.

만년에는 본래 타고난 조급한 성격으로 인해 교통사고에 유의해야 한다는 것이다. 다리와 허리의 고장은 노화가 빨리 올 수 있기 때문에 평소 칼슘을 보충해서 뼈를

튼튼히 하는 식사 습관이 필요하다.

2. 돼지띠의 가족운

　돼지띠생은 외면으로는 강한 인상을 줄지는 몰라도 내면으로는 정이 두텁다. 특히 부모와 형제에 대한 생각이 남다르고 애들과 깊은 애정을 갖고 접촉한다. 그러나 운세적으로 친형제들과 인연이 두텁지를 못하다. 어릴 때부터 고생하며 자란 사람이 많아 육친을 생각하는 마음이 강하다. 따라서 중년 이후는 이러한 것이 열매를 맺어 좋은 결과를 맺는다.

　결혼 후는 상대를 성의를 갖고 사랑하므로 따뜻한 가정을 이룩해 나간다는 것이다. 한편 앞에서도 지적한 바와 같이 자녀를 너무 과보호 하다 보면 그르칠 수 있다는 것에 대해 다시한번 유의할 필요가 있다.

　또한 한창 일할 때는 남성적인 일에 바쁠 시기이지만 일단 집에 돌아가서는 처자의 존재가 가장 필요한 것이 돼지띠. 여성의 경우 취직을 해도 회사 일을 하면서 가정일을 미루지 않고 척척 해결하는 장점이 있다. 말하자면 일과 가정을 동시에 수행할 수 있는 재능을 지녔다는 것이다.

설사 가정에 문제가 생기더라도 가감히 이를 해결할 수 있는 돼지띠의 저력을 발휘하게 된다. 특히 늙어서도 재산에 구애받지 않고 부부가 같은 취미를 갖고 여생을 즐길 수 있다는 것이다.

3. 돼지띠의 연애와 결혼운

돼지띠 남자는 너무 솔직한 성격이어서 상대의 성격을 무시하고 자신의 생각을 기탄없이 말하는 경향이 있다. 그러면서도 연애할 때 마음에 드는 사람에겐 자신의 기분을 말하지 않고, 모처럼의 기회를 놓쳐 버리는 수도 있다. 그러나 마음 밑에서 끓어오르는 정열은 표현의 부족을 보충해주고 정열적인 연애가 된다.

결혼은 일반적으로 늦은 편이다. 그러나 일단 결혼에 성공하면 오직 하나만을 사랑하는 일편단심의 성격 때문에 결혼후는 더욱 성실해져서 애정이 넘치는 가정을 구축하게 된다. 남자의 경우 결혼 상대로서 토끼띠와 양띠생이 좋다.

여성의 경우는 기가 강한 편이어서 자기가 호의를 느끼

는 사람에게는 그것을 솔직하게 전달하지를 못한다. 그러
나 일단 연애 감정을 갖고 감추어졌던 정열이 일어나면
모성본능이 일어나 상대를 보는 눈이 달라진다. 따라서
주위 사람이 충고를 해 주어도 귀에 들려오지 않는다. 일
단 작정을 하고 나면 시시한 남자와의 결혼에도 후회하지
를 않는다. 결혼 상대는 냉정함을 갖고 대하는 것이 중요
하다. 결혼후 여성이 우위가 되어 이것이 부부사이의 화
합을 깨는 경우가 있으니 주의할 것이다. 결혼 상대 역시
토끼띠와 양띠 남성이 좋다.

4. 인간관계

　돼지띠 남성은 태어날 때부터 정직해서 어떤 일에도 외
골로 돌진하는 의지와 힘을 지니고 있다. 말하자면 猪突
猛進型이라 할 수 있다. 그러다 보니 느슨한 성격은 딱
질색이어서 이러한 사람들을 비난하고 공격하는 경향이
있다. 반면에 자존심은 커서 남으로부터 비판 받는 것을
굉장히 꺼린다. 남의 의견에 의해서 자신을 반성하는 것
을 그리 좋아하지 않는다. 게다가 남의 기분도 생각하지
않고 직설적으로 얘기하는 경우가 많고 인간관계가 원만

하지 못한 점이 있다.

사회적인 성공을 거두고 평온한 삶을 지내려면 인간관계가 중요하다. 부드러운 표현과 좋은 충고를 받아들이려는 도량이 필요하다. 따라서 만년에도 완고해지고 유연성이 결핍되기 쉬워서 이 점에 특히 유의하며 좋은 인간관계를 유지해야 할 것이다.

◇ 호렵도(부분) 청나라인들의 사냥 모습을 그린 민화

또한 돼지띠 여성은 소박한 성격에 남 도와주기를 즐겨해 사람들로부터 호감을 주어서 교제범위도 넓다. 그러나 자존심이 높고 좋아하고 싫어하는 감정이 분명해서 좀처럼 친할 수 없는 면도 있다. 정의감이 강해 바르다고 생각하면 바로 직언을 해 상대방의 감정을 헤치는 경우도 있으니 이 점에 유의해야 할 것이다.

이와같은 성격이 직장에서는 같은 여성에겐 싫은 대상이 될런지는 모르지만 남성 상사에게는 호감을준다. 그러나 만년에는 적극적인 활동으로 지금까지의 인간관계에서 더 나가 누구와도 사귀는 유연함을 지닌다. 취미생활과 사회활동에서 인간관계도 더욱 풍부해져 즐거운 인생이 된다.

5. 오행의 상생과 상극의 관계

상생(相生)관계란 글자 그대로 오행(木火土金水)간에 서로 살리는 작용을 말한다. 木生火, 火生土, 土生金, 金生水, 水生木이 그것이다. 나무는 불에 타기 쉽고, 불이 타고 나면 재가 되어 흙으로 변한다. 땅에서 금이 나오고, 금이 녹으면 액체로 변하고, 물은 나무를 생생하게 만든다.

상극(相克)관계란 오행간에 서로 죽이는 관계이다. 木克土, 土克水, 水克火, 火克金, 金克木이 그것이다. 나무는 흙을 먹고 자란다. 그것은 곧 흙이 나무에게 먹힌다는 뜻이다. 또한 흙은 물을 막는데 쓰이므로 서로 반대가 된다. 물은 불을 끄고, 불은 쇠를 녹인다. 쇠덩이인 도끼는 나무를 자른다. 이와같이 서로의 관계가 죽이는 관계이다.

木火土金水와 12支를 접목시켜 보면 木은 寅과 卯요, 火는 巳와 午이고, 土는 丑辰未戌 이요, 金은 申과 酉요, 水는 子와 亥이다. 그러면 돼지띠와 다른 띠가 만났을 때 어떤 현상이 일어나는가를 보기로 한다.

돼지띠와 쥐띠 :

돼지띠는 한번 마음 먹으면 그대로 행동으로 옮기는 성격이 있다. 게다가 표현력도 좋은 것은 아니며 다른 사람과의 타협도 시원한 편이 아니다. 그래서 때로는 이것이 오해를 불러 일으키기도 한다. 그러나 쥐띠는 사교성이 있어 돼지띠와도 잘 어울려 돼지띠의 결점을 보충해 주어 좋은 관계를 이룬다. 이 두 띠는 서로가 재운이 있어 의사소통도 좋고 공동으로 사업을 해도 성공할 수 있다.

이 두 띠의 친구관계는 돼지띠의 강직함 쥐띠의 일관된 점이 서로 통하는 곳이 있는 만큼 충돌이 생기는 경우가 있다. 그러나 서로의 생각이 이해가 되면 좋은 친구가 될 수 있다. 남녀 사이의 관계는 돼지띠의 깔끔함과 쥐띠의 유연함으로 낙천적 것이 서로 약점을 보충한다. 결혼후도 생활은 견실해서 협력해 재산을 구축할 수 있다.

한편 돼지띠는 가족 생각이 지극해서 쥐띠의 처자는 행복한 편이다. 쥐띠 엄마는 과보호가되어 주의가 필요하다.

돼지띠와 소띠

오행으로 축(丑)은 土이다. 해(亥)는 水인고로 흙이 물을 막는 형상이다. 그러나 둘 다 계절적으로 같은 겨울에 해당되며 丑은 水와 金性의 요소도 지니고 있다. 이로 볼 때 이 두띠 사이는 소길(小吉)이다.

돼지띠와 소띠는 서로가 완고한 성격을 지니고 있기 때문에 일단 부딪치게 되면 쉽게 해결되지 못하는 경우가 있다. 그러나 돼지띠의 깔끔한 기질과 소띠의 강한 인내성으로

화합하게 되면 응어리가 남는 일은 없다.

직장에서 이 두띠가 만나 일을 하게 되면 협력이 잘 이뤄지는 편이다. 소띠가 상사면 돼지띠가 좀 피로한 편이다. 소띠 부하는 기민한 편은 못되지만 책임감은 강해서 분발하게 된다.

친구관계도 돼지띠의 마음만 먹으면 곧바로 행동으로 옮기려는 성격과 소띠의 독선적인 점이 대립하기 쉬운 면

도 있다. 그러나 돼지의 돌진적 성격을 신중한 소띠가 눌러서 좋아지게 하는 것도 있다. 남녀 사이는 한눈에 매력을 느끼지만 교제할 때 기호가 틀리면 대립하기도 한다. 돼지띠에게 있어 소띠의 기호에 맞추는 것은 상당한 인내가 필요하다.

가족관계는 돼지띠의 부모의 애정이 지나쳐 순종하는 편인 소띠 자식에게 부담을 준다. 돼지띠 자식은 소띠 부모가 너무 엄해서 염증을 내는 경우가 있다.

돼지띠와 호랑이띠 :

보통 길한 것으로 서로 좋은 관계이다. 이 두 띠의 성격이 공통적으로 완고하고 자존심이 세기는 하나 자기 주장만 내세우지 않고 협조에 유의하면 아주 좋은 관계를 이룰 수 있다. 오행으로 볼 때 인(寅)은 목(木)이니 물이 나무를 살리는 관계이다. 따라서 상생(相生)의 의미가 있다.

친구관계는 공통의 흥미를 갖고 이해관계가 없는 친구의 경우는 서로의 장점만을 인정하며 다소의 대립이 있어도 그것이 오히려 균형에 영향을 미치게 된다.

이성관계는 돼지띠와 호랑이띠 모두가 애정이 풍부해서

교제도 적극적이다. 호랑이띠의 적극적 활동으로 돼지띠는 침묵하면서도 질질 끌려다니는 경우가 있다. 그러나 돼지띠가 자기 뜻을 지나치게 내세우면 그 애정은 끝나게 된다.

돼지띠와 토끼띠

돼지띠와 토끼띠는 水와 木(卯)의 관계로 相生을 이루기 때문에 아주 좋다. 돼지띠와 토끼띠는 기분이 잘 맞아 서로 단점을 잘 보충해 주고 장점을 기리는 좋은 사이이다. 사업을 벌려도 이 둘 사이는 돼지띠의 재운과 토끼띠의 사교성이 서로 잘 어울려 협력관계가 잘 이뤄져 성공을 한다.

친구사이도 서로 장단점을 가려주는 좋은 사이이고, 연애 상대로 가장 좋은 것이 이 두 띠이다. 돼지띠의 애정 표현이 좀 무뚝뚝하지만 토끼띠가 성실한 편이어서 보완이 된다. 따라서 결혼을 해도 부부 사이가 원만해지고 명랑한 가정을 이루게 된다.

돼지띠와 용띠

오행상으로 이 둘 사이는 상극이다. 수와 토(辰)의 관계이기 때문이다. 그러나 용은 물과 관계있는 동물이므로 부분적으로 상관이 있다. 따라서 돼지띠와 용띠는 오행상 소길(小吉)이다. 이 두 띠는 자존심이 높다던가 솔직한 점이 유사하지만 양방이 부드러운 관계를 유지하는 것은 아니다. 따라서 이 두 띠는 성가신 문제가 일어나기 쉬운 관계라 할 수 있다.

돼지띠가 재운이 있고 용띠가 상술이 뛰어나기 때문에 공동목표를 향해 뛰면 성공율이 많다. 그러나 돼지띠는 용띠의 언동에 마음이 조금 거슬려도 관용으로 받아들일 줄 알아야 한다. 친구관계도 지나치게 솔직해서 충돌할 염려가 있으니 서로 이해심이 필요하다. 남녀사이도 지나치게 다른 인생관 때문에 상대방에게 매력을 주지 못하는 수가 있다. 결혼해서는 부부가 서로 대화를 자주 나누워 해결하는 협조심이 중요하다.

돼지띠와 뱀띠

오행으로 뱀(巳)은 불(火)이기 때문에 수성을 지닌 돼지띠와 상극관계를 이룬다. 따라서 흉상이다. 이 둘 사이는 생각하는 방법이나 행동이 틀리기 때문에 서로 협조를 유지한다는 것은 힘들다. 반면 교사로서의 여러가지 생각이 있다는 것은 도움이 된다.

일을 도모할 때도 의견이 틀리기 때문에 공동사업은 피하는 것이 좋다. 친우관계도 겉으로는 좋은지는 몰라도 속으로는 그렇지가 못하다. 남녀관계에 있어서는 자신에게 없는 성격을 가진 상대방에게 매력을 느낀다. 또한 가치관이 틀려 감정적 충돌이 일어날 염려가 있는데 이 경우 돼지띠가 양보를 잘하게 된다.

돼지띠 부모는 어느띠의 아이도 관계없이 평등하게 애정을 주지만 뱀띠 아이는 독점욕, 질투심이 강하기 때문에 다른 띠생의 아이 취급과는 다르니 주의할 필요가 있다.

돼지띠와 말띠

오행으로 볼 때 말띠는 불(火)이기 때문에 물인 돼지와 상극이 된다. 그러나 음양관계로 볼 때는 음양을 이루어 서로 흡인력이 있어 小吉의 상이 있다.

이 두 띠는 만사에 철저한 기질을 가진 돼지와 행동성이 민첩한 말과는 콤비가 잘 이뤄진다 할 수 있다. 그러나 서로 자기만을 앞세울 때 문제가 생기니 주의해야 한

◇ 돼지와 말이 있는 풍경
　프랑스 고갱 그림. 핀란드 헬싱키 아데레움 미술관 소장

다. 다시 말하면 성격이 본질적으로 틀리기 때문에 충돌
이 생기기 쉽다는 것이다. 그러나 돼지띠가 포용력 있게
말띠를 받아들인다면 서로 잘못된 점을 보완해 원만한 관
계를 이룰 수 있다.

　남녀관계는 돼지띠가 양기로서 사교성이 좋은 말띠의
매력에 끌리지만 순간적으로 변하기 잘 하는 말띠에게 휘
둘려 피곤해진다. 또한 타산적인 점이 있어 애정도 이용
당할 염려가 있다. 결혼한 남자는 가계에 둔한 편이고, 돼
지띠 여자는 변통을 잘 한다.

돼지띠와 양띠

양띠는 오행상 흙(土)으로서 물(水)을 빨아드리는 상이지만 토끼와 더불어 돼지, 토끼 양은 강한 것이 되기 때문에 대길(大吉)이다. 강한 성격의 돼지띠와 협조성과 유연성을 지닌 양띠는 서로 장단점을 보충해 준다.

일을 도모할 때도 서로 자각해서 돼지띠가 좀 지나친 행동을 하게 되면 양띠생이 이를 억눌러 실패도 방지하고 성과를 올릴 수 있다. 직장에서 양띠의 상사가 좀 미지근하다고 해서 돼지띠 부하가 독선적으로 밀어붙이면 곤란하다. 양띠 부하가 너무 신중하다고 해서 불만을 갖지 말고 돼지띠 상사는 그 진면목을 살 필요가 있다.

친구사이도 돌봐주려고 하는 돼지띠와 양띠의 봉사 정신이 잘 맞아 오래도록 관계를 유지할 수 있다. 신뢰감과 안심감이 증대되는데 여성이 양띠인 경우 온화하고 인간성이 풍부해서 돼지띠를 신뢰하는 마음이 강하다.

부부가 되어도 좋고, 자식이 양띠인 경우 부모의 좋은 점을 잘 지키고 성장후에도 부모의 보살핌을 잘 한다.

돼지띠와 원숭이띠

오행으로 잔나비는 金이다. 금으로 부터 물이 생기니

오행으로는 괜찮다. 그러나 동시에 일을 방해하는 것이 있으니 이것이 강하게 작용하다 보면 반흉(半凶)이 된다. 돼지띠의 직정적인 것에 비해 자기 중심적인 잔나비띠는 남을 이용하는 재주가 있어 상대방이 약하게 보이면 강하게 나가 정직한 돼지띠가 이용당할 염려가 있다.

일하는데 있어서도 협력관계가 돼지띠가 늘 이용당하는 편이다. 그래서 나중엔 그 기만성에 돼지띠가 화를 내게 된다. 이 두 띠가 연애를 하는 경우 보통의 교제때는 즐겁지만 애정이 깊을수록 상대방의 결점이 노출되어 헤어지게 된다.

부부 사이는 언행이 일치하지 않은 잔나비띠에 의해 돼지띠가 곤욕을 치루는 경우가 많다. 서로 자신의 태도를 고치려고 노력하는 것이 좋다. 잔나비띠 자식과는 대체로 평온한 편이다.

돼지띠와 닭띠

닭띠는 金으로서 잔나비띠와 같다. 음양으로서는 공히 음에 반발하는 면도 있어 中吉이라 할 수 있다. 돼지띠는 일단 결정한 일은 철저히 수행하는 면이 있지만 융통성이 부족하다. 반면에 닭띠는 기획을 입안한다던가 하는 일에 뛰어 나지만 이상에 그치는 경우가 많다. 따라서 서로 보완을 하면 좋은 사이가 될 수 있다.

친구 사이도 닭띠가 재기있고 발랄하게 사교성이 있어 이것이 부족한 돼지띠에겐 도움을 준다. 이러기 때문에 이성 사이도 돼지띠가 닭띠에게 홀리기 쉽다. 가족면에 있어서도 돼지띠는 닭띠와 괜찮은 편이다. 닭띠는 어렸을 적부터 발랄한 면이 있어 가족 관계를 원만하게 해준다.

돼지띠와 개띠

돼지는 오행으로 土이다. 이 역시 양띠처럼 상극이 되지만 개띠는 금의 성품도 포함되고 있기 때문에 금생수(金生水)의 면도 있다. 그래서 소길(小吉)이다. 개띠는 정직하고 인내심이 강해서 굳은 의지를 갖고 있다. 이것은 돼지띠의 성격과 비슷한 데가 있기 때문에 서로 이해할 수가 있다. 그러나 단점도 닮은 데가 있어 부딪칠 염려가 있다.

같이 일을 도모할 때 방침이 일치할 때는 비슷한 성격이 좋은 방향으로 가지만 일단 대립하면 협력이 쉽지가 않다. 친구로 사귀어도 취미와 생활태도가 비슷해 오래가는 편인데 융통성이 똑같이 부족해 뜻이 뒤틀린다.

결혼상대로서 성격적으로 공통되는 점이 많다. 그러나 질투심도 강한 편이어서 서로 자기를 내세우는 것이 있다. 말하는 수법이 부족하니 서로 주의가 필요하다. 가족

◇ 산양과 멧돼지
구석기 시대. 프랑스 니오 동굴

이 되어서는 애정이 있는 부부가 되긴 하지만 서로 결점
을 들어내서는 충돌만 하니 주의해야 한다.

돼지띠와 돼지띠

오행으로 둘 다 수성(水性)이기 때문에 형제관계이지만 원래 형제관계는 좋은 사이이면서 동시에 경쟁자 관계라는 것을 감안해야 한다. 음과 음이 만났으니 반흉(半凶)이다.

같은 성이다 보니 생각하는 것과 행동이 같을 경우가 많다. 순조로울 때는 대단히 좋은 사이이지만 일단 충돌을 했다 하면 감정이 악화돼 다른띠와의 관계보다도 더 나빠질 수가 있다. 마음을 넓게 가질 필요가 있다.

일을 도모할 때는 협력관계가 좋아 재운과 철저한 성격 때문에 성공이 기대되지만 협조심이 중요하다. 친구가 되어서도 서로 잘 이해하는 경우가 된다. 그러나 사생활엔 그닥지가 않아 어느 정도 거리를 두는 것이 좋다.

이성간은 서로 소박하고 성실해서 배반하는 일이 없다. 그러나 말이 시원치가 않아서 상대에게 마음에 들지 못하는 경우가 있다. 부부가 되어서도 무엇보다도 서로가 결점을 잘 알고 있다는 것이다. 애정 깊은 부모와 어버이 생각하는 아이이지만 과보호가 될 염려도 있다.

Ⅵ. 윷놀이에 나타난 돼지상

옛적엔 윷가락을 던져서 신수를 점쳤다. 이에 대해선 ≪동국세시기≫ 제석조(除夕條)와 ≪경도잡지≫ 원일조(元日條)에 보인다. 세속에 제야와 설날에 윷을 던져서 괘를 보아 새해의 길흉을 점친 것이다. 그 점치는 법은 64괘로 서 하며, 계사가 있다. 여기에서는 돼지와 관계가 있는 괘 만 초록해본다.

도도도(乾卦) ; 어린애가 인자한 어미를 만났다.(兒
見慈母)

도도개(履卦) ; 쥐가 창고에 들었다.(鼠入倉中)

도도걸(同人卦): 어두운 밤에 촛불을 얻었다.(昏夜得
燭)

도도모(无妄卦): 파리가 봄을 만났다.(蒼蠅遇春)

도개도(姤卦) : 큰물이 거슬러 흐른다.(大水逆流)

도개개(訟卦): 죄있는 중에 공을 세웠다.(罪中立功)

도개걸(遯卦): 나비가 등잔을 쳤다.(飛蛾撲燈)

도개모(否卦): 쇠가 불을 만났다.(金鐵遇火)

모걸도(火卦): 학이 깃을 잃었다.(鶴失羽翼)

도걸개(兌卦): 굶주린 사람이 먹을 것을 얻었다.(飢
者得食)

도걸걸(革卦): 용이 큰 바다에 들었다.(龍入大海)

도걸모(隨卦): 거북이가 대밭에 들었다.(龜入筍中)

도모도(大過卦): 나무에 뿌리가 없다.(樹木無根)

도모개(困卦) : 죽은이가 다시 살았다.(死者復生)

도모걸(咸卦) : 추운이가 옷을 얻었다.(寒者得衣)

도모모(萃卦) : 가난한 사람이 보배를 얻었다.(貧人
得寶)

개도도(大有卦): 해가 구름속에 들었다.(日入雲中)

개도개(睽卦) : 장마때에 해를 보았다.(霖天見日)

개도걸(離卦) : 활이 살을 잃었다(弓失羽箭)

개도모(噬嗑卦) : 새에 날개가 없다.(鳥無羽翰)

개개도(鼎卦): 약한 말이 짐이 무겁다.(弱馬태重)

개걸도(大壯卦): 어린 아이가 젖을 얻었다.(영兒得乳)

개모도(恒卦) : 성긴 손에게 절을 하여 뵈었다(拜見
          疎賓)

걸도도(小畜卦) : 큰고기가 물에 들었다.(大魚入水)

걸도개(中孚卦) : 더위에 부채를 얻었다.(炎天贈扇)

걸도걸(家人卦) : 매가 발톱이 없다.(지應無爪)

걸도모(益卦) : 강속에 구슬을 던졌다.(擲株江中)

걸개도(巽卦): 용머리에 뿔이 났다.(龍頭生角)

걸걸도(需卦) : 고기가 변하여 용이 되었다.(魚變成
          龍)

걸모도(井卦) : 행인이 집을 생각한다.(行人思家)

모도도(大畜卦): 부모가 아들을 얻었다.(父母得子)

모도개(損卦): 공이 있으나 상이 없다.(有功無賞)

모도걸(賁卦): 용이 깊은 못에 들었다.(龍入深淵)

모도모(頤卦): 소경이 문에 바로 들어갔다.(盲者直門)

모걸도(泰卦): 귓가에 바람이 난다.(耳邊生風)

모모도(升卦): 일이 망연하다.(生事茫然)

이상은 윷놀이중 세번에 걸쳐 나왔던 도의 경우를 총망라한 것이다. 위에 나타난 괘는 윷가락을 세번 던져 나온 여러가지 경우에 대한 신수를 말하는 것이다. 이것은 상기 ≪경도잡지≫에 보면 자세히 나와 있다.

세번 던진 것 중에서 첫번 던진 것은 묵은 해를 나타내고, 두번째 던진 것은 새해 설날을 세번째 던진 것은 정월 대보름을 나타내는 것이다. 따라서 운세는 윷가락을 연이어 던진 괘를 보는 것이다. 윷가락의 호칭은 가축의 이름을 딴 것으로 본다. 즉 도는 돼지(豚), 개는 개(犬), 걸은 양(羊), 윷은 소(牛), 모는 말(馬)을 가리킨다. 이 중에서 도는 고유어인 돝으로서 어간 일부의 탈락형이라 할 수 있는데, 아직도 돼지고기를 돝고기라 부르는 것이 그러한 예이다.

위에서 보듯 도와 관련되어 있는 괘를 보면 대체로 吉祥쪽이 많음을 알 수 있다. 도가 몽땅 나온 경우를 보면 어린애가 인자한 어머니를 만난 격이라 했다. 어린 아이가 인자한 어머니를 만나는 것같이 이상적인 것은 없을 것이다. 항시 포근한 엄마 품 속에서 자라난 아이라야 사랑이 무엇인줄 알기 때문이다. 그런가 하면 쥐가 노적에 든 괘이니 봄 여름은 피곤하고, 가을 겨울은 길한 것(鼠得穀)으로 보는 경우도 있다.

위에 나타난 것을 보아 길한 운세는 대체로 어두운 밤
에 촛불을 얻는다던가, 쇠가 불을 만난다던가. 굶주린 사
람이 먹을 것을 얻는다던가, 가난한 사람이 보배를 얻는
다던가 하는 경우이다. 그런가 하면 흉조의 운세로는 활
이 살을 잃거나, 새에 날개가 없거나, 매에 발톱이 없다던
가 하는 경우를 들었다.

그러나 이러한 괘들이 꼭 맞는가는 각자가 알아서 판단
할 일이다. 어떤 이는 이러한 괘들에 대해 고개를 끄떡이
는 경우도 있을 테고 또 그 반대의 경우도 생길 테니까
말이다. 그렇다면 이러한 성격을 두른 지닌 돼지의 성향
이 문헌과 설화에 어떻게 나타나는가를 본다는 것은 흥미
있는 일이 아닐 수 없다.

Ⅶ. 문헌과 설화 속의 돼지

다른 동물과는 달리 돼지에 대한 기록과 설화는 의외로 많이 나타나지 않는다.

《삼국사기》와 《삼국유사》, 《고려사》 그리고 《增補文獻備考》에 간간히 기록이 보이며, 그외 민담집과 설화집에 보인다.

먼저 《삼국사기》 유리왕 19년조에 보면 일찍부터 희생물로 돼지가 국가의 신성한 제를 올릴때 받쳐졌음을 알 수 있다. 이에 의하면,

8월에 제사를 지낼 돼지(郊豕)를 놓쳐 버렸음으로 왕은 탁리(託利)와 사비(斯婢)로 하여금 이를 쫓아 붙잡게 하였는데 長屋澤 가운데 이르러 이를 잡을 수 있었으나, 그들은 칼로 그 돼지의 다리를 끊어 놓으니 왕은 이 말을 듣고 노하여 말하기를 '제천의 희생(豚祭) 을 어찌 상하게 할 수 있느냐 하며 드디어 탁리와 사비가 저주하는 까닭이라 하므로 왕은 사자를 보내어 이를 사과하였더니 곧 병이 나았다.

옛부터 하늘에 제를 올릴 때는 희생양으로 소를 받쳤다. 소 중에서도 특히 하얀소를 신성시해 이를 받쳤던 것이다. 그래서 지금도 하늘과 제일 가까운 산정에서 제를 올렸던 터는 대개 白 자가 들어가 있는 산이 되었다. 白頭山을 비롯한 小白山, [白岩山]등의 '白'字 돌림의 산이 그러한 경우이다.

그런데 천신제는 산에 제를 올릴 때 대체로 돼지를 잡고 재앙을 물렸던 것이다. 이것은 온달전에 보면 고구려가 해마다 3월 3일이 되면 낙랑의 산언덕에 모여 사냥을 하여 잡은 돼지와 사슴 등으로써 산천신(山川神)에게 제사를 지냈다는 대목에서도 확인된다.[7]

---

7) 삼국사기 열전편 온달조

그 많은 동물 중에서 그렇듯 욕심 많고 더럽고 어질지 못한 것으로 묘사됐던 성어(成語)들을 떠올리면 도저히 어울리지 않는 것이 신을 위한 제사에 희생으로 받쳐졌다는 사실이다. 이것은 무엇을 의미하는 것일까. 이것은 곧 돼지 자체에 어떤 신성성이 개재되어 있기 때문에 했을 것이 틀림없을 것이다.

남조(南朝) 양(梁)나라 쯤에 이뤄진 것으로 되어있는 <잡오행서雜五行書>에 10월 돼지날에 먹는 떡은 사람으로 하여금 병이 없게 한다 라고 씌어 있다. 그러나 주지하다시피 우리의 경우도 제사를 지낼때는 의례히 시루떡을 찧되 반드시 팥고물이 섞인 붉은 고사떡을 찧어 돼지와 함께 신에게 받친다. 적색이란 재앙을 막는 색갈로서 이는 온갖 병과 재난을 막기 위한 방편으로 나온 선인들의 유감 주술법의 하나일 것이다. 그렇다면 왜 돼지와 붉은떡을 함께 받치는가. 돼지는 병과 화재를 없애는 기능이 있다는 것이다. 이왕 떡 얘기가 나왔으니 현저병(玄猪餅)에 대해 얘기해 볼까 한다.

이것은 다른 나라의 경우인데, 일본의 경우 10월 돼지날에 떡을 먹는 습속은 정사요략(政事要略)에 인용된 장인식(藏人式)이 처음 보이고, 이 습속에 대해서는 이미 鳥越憲三郎 씨의 자세한 연구가 보인다.

그에 의하면 돼지날 떡의 습속은 궁정, 공경의 연중행
사로 되어 있지만 뒤에 막부에서 받아 들여 그것이 곧 서
민들 사이에 퍼진 것으로 보인다.

일본에서는 1월 15일 亥時에 팥죽을 끓여 天狗神(山神)
을 위해 마당에 상을 차려 제를 올리는데 죽이 응고될 때
동쪽을 향해 다시 절을 올린다. 그러면 일년동안 병이 없
다는 것이다.[8] 그리고 보니 돼지와 팥은 옛부터 불가분의
관계를 갖고 상존해왔음을 알겠다.

이 장인식엔 단순한 떡도 있지만 그 뒤 색이 들어 있는
것이 확인되었는데, 백색, 적색, 청색, 황색, 흑색의 5종의
색떡으로 되어 있다. 에도(江戶) 시대에는 이것이 흰색 흑
색 적색의 떡으로 되어 있었다. 이 중에 적색 떡에는 팥
이 이용되고 있다. 중국의 경우는 팥이용 대신 붉은 색갈
에 대한 선호가 세계 제일이다. 어쨌든 돼지가 위와같이
희생으로 쓰여졌다는 것은 소(牛)의 신성성과 더불어 특
기할 사항이라 할 수 있다.[9]

희생돼지의 얘기로는 불교 본생담에 나오는 供養猪의
전생이야기를 뺄 수가 없다. 이를 요약하면 다음과 같다.

8) 熊谷 治 동아시아민속과 제의 29, 30쪽 웅산각출판사. 1984
9) 안길모, 불교와 세시풍속 111 쪽 재인용 명상 1993.

1. 어느날 숲속에 파놓은 함정에 멧돼지가 **빠져서** 이
   를 본 목수가 건져다 집에서 길렀다.
2. 돼지는 영특해서 주인의 목수일을 여러가지로 도
   왔다.
3. 돼지의 야생성의 둔화를 걱정한 목수는 다시 숲속
   으로 놓아 주었다.
4. 숲속으로 돌아가 다른 동물들이 초췌한 모습을 보
   고 돼지는 호랑이의 무서움 때문인 줄 알고 지혜
   와 용기로 호랑이를 물리쳤다.
5. 돼지로 인해 숲속에 평화가 왔다. 9)

   위의 얘기는 위험에서 구해준데 대한 보은과 지혜와 용
기로서 숲속을 평화의 장소로 바꾼 돼지의 모습을 묘사하
고 있다. 어느 대목에서도 욕심많고 배은망덕하지 않은
돼지의 모습이 잘 나타나 있다. 더구나 미련하고 자기만
아는 종래의 돼지에 대한 생각은 이 얘기를 들어보면 다
르다는 것을 알게 된다. 따라서 여기에 등장하는 돼지는
영리하고 의리를 지키며 동료애가 깊은 돼지임을 확인하
게 된다.
   이와 비슷한 얘기로 산돼지를 구해준 머슴의 얘기가 있
다. 이를 약술하면 다음과 같다.10)

1. 한마을에 마음씨 착한 머슴과 악한 주인이 있었다.
   정월 명절 주인은 조반도 먹이지 않고 나무를 해
   오라고 했다.

2. 나무를 하던 중 포수에게 쫓기던 산돼지가 허겁지
   겁 달려와 도움을 청해서 그를 도와 살려 주었다.

3. 산돼지는 은혜에 보답할테니 나무를 집에 두고 오
   라고 하며 다시 돌아 온 머슴을 등에 태우고 어느
   바위 앞으로 갔다. 그가 열려라 하니까 바위문이
   열리고 그 속에서 자신의 말대로 하라고 다짐을
   했다.

4. 머슴은 돼지의 얘기대로 아랫동네로 가서 한 대감
   집에 머슴으로 들어갔다. 그리고 여러가지 기이한
   행동을 수없이 돼지의 말대로 수행하여 대감집 처
   녀와 결혼하여 행복하게 살게된다.

본 이야기의 구성을 보면 마치 해모수가 유화를 얻기
위해 여러번의 고초를 겪는 것처럼 온갖 지혜로 어려움을
물리치고 해결을 해나가는 모습을 상상할 수 있다. 자기
를 살려준 은혜에 보답하기 위해 산돼지는 기발한 착상으

---

10) 임동권편, 한국의 민담, 61쪽, 서문문고, 1974.

로 앞으로 일어날 일을 미리 얘기하고 그 해결 방법을 일
러주는 것이다. 아마도 돼지를 주인공으로 한 얘기 중에
가장 다양한 지혜를 지니고 있는 유형중에 하나가 아닐까
한다. 이처럼 돼지에 대한 이야기는 어느 것을 보아도 지
혜롭고 용감한 이미지로 서술되어 있다.

한편 최치원과 관련된 금돼지의 얘기는 오행과 관련돼
재미를 더해준다. 그 얘기를 요약하면 다음과 같다.

1. 신라때 어떤 고을에 원님이 부임하면 그날밤 반드
   시 아내가 없어지는 괴변이 일어나 아무도 부임하
   려 하지 않는다.
2. 나라에서 방을 붙여 원님을 모집, 여기에 응한 이
   가 최모라는 가난한 선비였다.
3. 최선비가 부임한 날밤 방에 촛불을 수백개 밝혀두
   고 아내의 몸에 실꾸러미를 묶어 두었다.
4. 밤을 밝히며 깜빡 조는 사이에 아내가 없어졌다.
   실을 따라 쫓아가보니 암벽이 나왔다.
5. 어떻게 들어갈까 궁리하던 중 정오의 시각이 되자
   문이 저절로 열려 재빨리 들어갔다. 이 돌문은 자
   오석으로서 정자의 시각과 정오의 시각에 하루 두
   번씩 열린다.

6. 들어가 보니 별천지가 전개되고 아내가 물을 길러 나오는 것을 발견함. 이에 나무 위로 올라가 버들잎을 떨어뜨렸다.

7. 남편을 알아본 아내가 헛간에 그를 숨기고 몰래 먹을 것을 갖다주고 도적을 죽일 것을 꾀했다. 그 도둑은 금돌(金猪)이었다.

8. 처가 금돌이에게 제일 무서운 것이 뭐냐고 물으니 양가죽이라고 대답했다.

9. 마침 열쇠꾸러미가 양가죽인지라 잠든 틈을 이용해 금돌이 인중에 붙이니 즉사했다.

10. 잡혀 온 다른 여인들도 구하고 뒤에 아들을 낳았는데 금돌의 아들이었다. 이 아이가 최씨의 시조인 최치원 선생이다.

가장 잘 알려진 최치원 탄생 설화이다. 그렇듯 영특한 한문학의 개산시조인 대가를 금돼지에 비유했다는 것은 금돼지의 의미가 남다른 데가 있어서일 것이다. 위 설화의 구조는 야래자전설인 아랑전설 유형과 지하괴물 퇴치유형 그리고 동물과 사람의 결합에 의해 한 인물이 탄생되는 영웅탄생유형이 복합된 구조이다. 이것은 결국 최치원을 더욱 영웅화시키기 위한 문중 사람들의 바램에서 나

◇ 멧돼지 형상의 비슈누 인도 엘로라 제 14 석굴

왔는지 모른다.

그런데 여기서 우리가 유의할 것은 그 많은 돼지 중에

하필이면 금돼지 일까 하는 것이다.

우선 최치원은 丁丑生(857년)으로서 돼지띠는 아니다. 그럼에도 그를 금돼지에 비유한 이유는 무엇일까. 먼저 오행에 따른 금의 돼지띠 성향을 보면 제일 먼저 대두되는 것이 넘치는 감성과 함께 자존심 강하다는 것이다. 그리고 열정적인 사람으로 자신의 명성에 가치를 두는 것을 으뜸으로 한다.

어린 나이에 그 먼 유학의 길을 떠난다는 것은 바로 이를 두고 하는 말일 것이다. 그러나 이 성향은 야망이 강하고 힘이 있지만 객관적이지 못해 자신의 분노를 과격하게 표현하기 때문에 위험스런 반대자가 될 수 있다는 것이다. 결국 현실의 어둠을 보다못해 始務策을 발표하고 어디론가 사라져 버린 최치원이야말로 금돼지의 후손으로서 남김이 없다 할 것이다. 그런데 최씨 문중에서 전하는 원래 얘기는 이것과 좀 다르다. 손진태는 <猪種說> 이라는 제목으로 다음과 같은 기록을 전해준다.

옛날 어떤 처녀가 있었다. 집이 구차해서 남의 집에 수양딸이 되었으나 절세의 미인이었다. 하루는 처녀가 산중에 들어가 나물을 캐고 있노라니까 별안간 돼지 한마리가 나타나서 나물 광우리를 물고 달아나므로 처녀는 정신없이 돼지를 쫓아갔다. 한참동안을 따라갔더니 돼지는 어떤 바위 속으로 들어가므로 처녀는 뒤따라 갔다.

문득 바위문이 닫히고 아무 틈도 없는 절벽이 되었다. 굴속을 들어가니 넓은 별유천지가 있었다. 그것은 돼지가 다스리는 나라였다. 처녀는 돼지에게 붙들리어 하는 수없이 돼지와 살게 되었다.

그러나 처녀는 항상 마음이 불편하여 웃는 일이 없으므로 하루는 돼지가 말하기를 너도 심심할 터인데 오늘은 나하고 세상 구경이나 나가보자 하므로 처녀가 이에 응하여 둘이는 여러 해만에 인간 세상을 구경하게 되었다.

그러나 마음이 시원하긴 했으나 집생각이 나서 좀체로 가슴이 답답하여 견딜 수가 없었다. 그래서 하염없이 앉아 있으려니까 어떤 포수 한 사람이 지나다가 이 깊은 산중에 어쩐 일로 여자 혼자 있습니까. 하면서 옆으로 왔다. 처녀는 깜짝 놀라 사면을 돌아보았으나 돼지는 보이지 않았다. 잠시 포수와 말을 건네니 그는 뜻밖에도 같은 동네 사람이었다. 그의 말을 들으니 더욱 집 생각이 나서 함께 달아나려고 꽤했다.

그러나 불행히도 돼지에게 발각이 되었다.포수는

덤불 속에 몸을 감추었다. 처녀는 맘을 가다듬어 품안에서 명주실 꾸리를 내어 한 끝을 제 발목에 매고 실꾸리를 포수에게 던져주었다. 돼지는 처녀를 데리고 굴속으로 들어갔다.

포수는 덤불 속에서 나와 실 간 곳을 따라가 장소를 확인했다. 그러나 이미 문은 굳게 닫혀 있어 실은 겨우 바늘 구멍만한 틈으로 들어간 것이 보일 뿐 할수없이 돌문이 열리기를 기다리는 수밖에 없었다.

돼지가 어느날 색씨에게 묻기를 너는 무엇이 제일 무서우냐 하니 짐짓 거짓 대답하기를 나는 생금장과 동삼과 천년 묵은 주치와 녹용이 무섭다고 하였다.그러자 돼지는 온갖 산과 들로 돌아다니며 누룩장만한 생금장 둘과 무우만한 동삼 세뿌리와 천년 묵은 주치 한 뿌리와 노루를 잡아서 녹용 수십개를 빼어가지고 와서 그것을 처녀의 방에다 쌓아 놓았다.

처녀는 무서워하는 척하며 당신은 무엇이 무서우냐고 물었다, 그랬더니 처음에는 내가 무서운 게 뭐가 있겠느냐고 하더니 자꾸 되묻는 말에 대답하기를 나는 사슴의 가죽이 제일 무섭다. 그것을 내 뒤통수 홈진 곳에 붙이면 나는 죽는다고 하였다.

그 뒤로 색씨는 사슴가죽을 찾았으나 돼지 집안 엔 없었다. 그런데 색씨는 자기가 차고 있는 열쇠 꾸러미의 끈이 사슴가죽인 것을 알았다. 그는 양가 에 있을 때에 광열쇠를 맡아 가지고 있던 것을 그 대로 차고 온 것이다. 색씨는 그것을 한조각 떼어 서 품속에 감추고 어떤날 돼지에게 독한 술을 권 한 뒤에 '머리에 이나 잡아드릴까요' 하면서 돼지 를 무릎위에 누이고 앞머리서부터 잡기 시작하여 이제는 뒷머리를 잡읍시다 하면서 돼지를 엎어 뉘 였다. 처녀는 슬쩍 사슴가죽을 끄집어 내어 입속에 서 침을 담뿍 축여내어 뒷골의 이를 잡는척 몸살 의 머리를 갈라놓고 거기에다 사슴가죽을 붙였다. 그랬더니 돼지는 응하고 앓는 소리를 한번 내더니 그만 죽고 말았다.

색씨는 곧 돼지가 소중하게 간직한 주문책을 끄 집어 내어가지고 돌문 앞에 가서 돼지소리로 꿀꿀 대니 돌문이 슬그머니 열렸다. 색씨는 밖으로 나가 서 포수를 데리고 굴속으로 다시 들어가 생금장을 베게로 부부가 되었다.그리고는 돼지의 보물을 가 질 수 있는데로 들고 나왔다.

뒤에 아들을 낳았는데 포수의 아들이기는 하나 돼지와도 인연이 있으므로 성을 금돌(金猪)이라 했

다. 포수의 성인 김씨 아래 돌을 붙인 것이다. 그
아이는 뒷날 큰 사람이 되었는데 그가 최씨의 시
조인 신라때의 최고운 선생 致遠이라 한다. 崔字는
猪와 음이 비슷하므로 뒤에 猪가 崔로 변한 것이
라 한다.

  위의 도입부는 앞의 설화보다 훨씬 현실성이 있다. 황
당하게 밤마다 처녀를 잡아간다는 전자의 설정 대신 나물
을 캐다가 돼지에게 물려갔다는 설정이 훨씬 현실적이고
설득력이 있다.그런가하면 우울해 하는 처녀를 위해 잠시
바깥 구경을 시켜준다던가 그로 인해 포수를 만나게 되고
이것이 인연이 되어 자신이 구출되게 하는 무리없는 상황
설정이 전자보다는 훨씬 설득력이 있으면서 친근감이 있
다.
  특히 單刀直入적으로 돼지와 결합해서 낳은 아들이라는
전자의 경우와는 달리 포수의 아들이지만 금돼지와도 인
연이 있으므로 성을 金猪 라고 한 것은 다분히 소설적으
로 꾸민 흔적이 엿보이긴 해도 낭만적이어서 좋은 것같
다.
  다음은 이와는 다른 전라도 지방에 전하는 <업돼지>
얘기이다.

어느 시골에 가난한 선비가 살고 있었다. 어느날 그 선비의 눈에만 보이는 돼지 한 마리가 울안으로 들어왔다. 10년만에 천석 갑부가 되고 그 선비도 과거 급제하여 높은 벼슬길에 올랐다. 그러든 어느날 돼지가 새끼들을 데리고 집을 나가버렸다. 그 벼슬아치는 '이제 내집 운수도 다 했나보다'고 탄식했다. 해질녘이 되자 돼지와 돼지 새끼들이 엽총꾼들을 유인하여 들어왔다. 그래서 엽총꾼들은 하룻밤을 이 집에서 묶고 가게 되었다. 마침 그날 밤에 떼강도들이 이 집에 들이닥쳤다. 그러나 엽총꾼들이 이들을 물리쳐서 그 집안의 재물을 고스란히 보호하게 되었다는 것이다.

이것은 그야말로 선비를 위해 태어난 돼지처럼 그 집의 업돼지였던 것이다. 세월이 오래 걸리긴 했어도 돼지가 들어옴으로써 10년만에 천석 갑부가 되고 과거급제까지 했으니 행운의 업돼지임을 알 수 있다. 사람도 업동이라고 해서 집에 들어온 아이는 복동이라고 한다. 이를 보면 돼지도 사람처럼 재산과 복을 갖다 주는 행운의 상징임을 알 수 있다.

다음은 금돼지와 군수의 얘기이다.

옛날 강원도 김화군 금성면 뒷산에 한마리의 금돼지가 살고 있었다. 이 돼지는 둔갑술을 잘 하였는데 어느날 김화군수를 감쪽같이 굴속으로 끌어들였다. 그러나 곧 헤치지 않고 굴안의 잡일을 시켰다. 하루는 금돼지가 군수에게 물었다. 이 세상에서 제일 무서운 것이 무엇인가. 했더니 군수는 떡이 제일 무섭다 했다. 그랬더니 이번엔 군수가 반대로 물으니 금돼지는 사슴가죽이 제일 무섭다고 했다. 돼지는 굴문 앞에 떡을 쌓아놓고 군수 부인을 납치해 왔다. 군수가 기미를 알고 사슴가죽으로 만든 열쇠끈으로 금돼지를 죽이고 아내와 더불어 굴속의 많은 보물까지 가지고 집으로 돌아와 부자가 되었다.

위 얘기는 전언한 바 최치원의 탄생설화가 그대로 다른 지방으로 옮기면서 본 줄거리를 변하지 않는 범위 내에서 그 지방에 맞게 변이된 설화의 형태라 할 수 있다. 그러니까 지금까지 얘기에서 공통적으로 나타나는 것은 돼지가 그냥 돼지가 아닌 금돼지이며 금돼지는 인간여자를 좋아한다는 것, 그래서 결국 자신 곁에 두고 싶어 납치한다는 것, 그리고 끔찍히 위한다는 것, 사랑하는 사람 때문에 자기 비밀을 얘기한다는 것, 그로 인해 자신의 목숨을 다하게 됐다는 것 등으로 되어 있다. 이로 볼 때 금돼지는 정열적인 사랑과 일편단심의 순수함이 깃들어 있음을 감지할 수 있다. 이것은 돼지띠 성격의 소유자들이 한사람만을 열심히 사랑하는 것과 유사하다. 고대 한족의 혼인풍속으로 신혼부부가 回門할 때 차는 예물로서 금으로 만든 채색된 돼지가 있는데 신부의 정조를 상징한다. 만약에 신부가 혼전에 정조를 잃었으면 회문시 金猪의 예품을 보내지 않는다고 한다.

다음은 삼국유사의 기록을 살펴보자. 권 1 射琴匣 조에 보면 돼지의 지혜로움을 피력했다. 이것은 쥐와 돼지의 도움으로 왕비와 내통한 스님을 징벌하는 얘기이다.

비처왕 즉위 10년(488년)에 왕이 천천정에 거동하였을 때 까마귀와 쥐가 나와서 울더니 쥐가 사람의 말을 하며 '이 까마귀의 가는 곳을 찾아보라' 했다. 왕이 騎士에게 명하여 뒤쫓게 했다. 남쪽으로 피촌에 이르러 돼지 두마리가 싸우는 것을 서서 보다가 문득 까마귀의 간 곳을 잊고 길가에서 헤메고 있었다. 이때 한 노인이 못 가운데서 나와 글을 올리니 겉봉에 '이를 떼어 보면 두 사람이 죽을 것이고 떼어보지 않으면 한 사람이 죽을 것이다'라고 씌어져 있다. 기사가 돌아와 왕께 드리니 왕이 말하기를 '두 사람이 죽으면 차라리 떼보지 않고 한 사람만 죽는 것이 옳겠다'고 하였다. 왕이 그렇게 여겨 금갑을 쏘라 하였다. 왕이 곧 궁에 들어가 금갑을 쏘니 그 속에선 내전에서 분수하는 중이 궁주와 간통하고 있었다. 두사람은 드디어 죽음을 당했다.

이로부터 나라의 풍속에 매년 정월 上亥 上子 上午 일에는 모든 일을 삼가고 15일을 오기일(烏忌日)이라 하여 찰밥으로 제사를 지냈다는 것이다. 上亥 上子 上午는 각기 모두 돼지(亥), 쥐(子), 말(午) 을 의미하니 이 세 동물이 왕에게 도움을 준 주인공인지라 고마움의 표시였던 것이다.

이 얘기는 결국 돼지, 쥐, 까마귀의 협동으로 왕을 도와준 미담에 속한다. 동물을 의인화 시킨 우화의 일종으로 특히 쥐와 돼지의 협동은 앞의 띠풀이에서 보듯이 서로 공통의 관심을 갖고 조화를 이루는 한 전형을 확인해 주는 예라 할 수 있다. 만일에 이 장면에서 돼지들이 싸우지 않았다면 기사는 그 자리를 스쳐 지나고 말았을 것이다. 그렇게 되면 노인도 만나지 못하고 간통 장면은 발견할 수 없었을 것이기 때문이다. 그래서 1월 亥일에는 모든 일을 삼가하는 날로 신성시했던 것이다.

한편 고려사 고려세계(高麗世系) 편 에 보면 작제건(作帝建)의 설화에 송악 도읍과 관련된 돼지의 이야기가 있다.

작제건이 당나라로 가다가 풍랑을 만나 표류했다. 이때 한 노인이 나타나 자기는 서해의 용왕인데 여래상을 한 늙은 여우가 자신을 괴롭힌다고 여우를 없애 달라고 했다. 그의 청대로 늙은 여우를 물리치니 용왕이 칠보를 주었다. 이번엔 할머니가 나타나 용왕의 딸에게 청혼을 하라고 말하고는 사라졌다. 그 말대로 청혼하여 만딸에게 장가를 들었다. 신부가 된 용녀는 남편에게 용왕이 가지고 있는 지팡이와 돼지가 좋으니 칠보와 바꾸라고 했

다. 그 뒤 칠보 대신 버드나무 지팡이와 돼지를 선
물로 택했다. 그리고 돼지를 앞장 세우고 귀국을
했다. 돼지와 1년을 같이 살았음에도 우리에 들어
가지 않아 "여기가 맘에 안들면 네가 가는 곳이면
어디든 따라가겠다고" 하니 이튿날 아침 송악산
남쪽에 누었다. 작제건도 용녀와 함께 산 기슭에
자리를 잡았다. 용녀는 아들 용건을 낳고 용이 되
어 하늘로 올라갔다. 용건이 뒤에 한씨와 결혼하여
왕건을 낳았다.

이 얘기는 고려 왕건의 탄생설화이다. 여기에서도 돼지
는 예언자적 지혜를 발휘하여 한나라 왕을 점지해 주고
수도를 정하는데 일조를 하고 있는 모습을 보여 주고 있
다. 이로 볼 때 돼지의 속성엔 예언자적 지혜가 있다.
  그러나 이런 바보스런 얘기도 있다. 이것은 연변에서
채집된 우리 설화인데 제목이 '돼지는 왜 뿔이 없는가'
이다. 얘기는 이렇다. 표현에 있어 약간 윤색을 했다.

  옛날 옛날에 아주 높은산에 한 동물왕이 있었다.
그는 이곳에 있으면서 세상에 있는 동물들이 어떤
생활을 하는지 궁금해서 이를 살피고자 했다. 그러

든 어느날 아주 약하게 생긴 짐승 중에 머리 위
에 뿔이 없는 것을 보게 되었다. 그래서 곧 명령을
내려 뿔이 없어 불편한 자는 3일 안에 뿔을 가지
러 오라고 했다. 이에 소, 양, 사슴, 이리 등이 좋
아서 다투어 뿔을 가지러 왔다. 이때 돼지가 생각
하기를 '만약에 자기의 머리에 길고 큰 뿔이 없으
면 호랑이나 승량이에게 위협을 당할 것이다. 나도
가야지' 하고는 동물왕에게 급히 달려갔다. 그랬더
니 동물왕은 '너도 보자 하니까 특별한 무기도 없
는데다 별 재주도 없으니 응당 긴 뿔이 필요할 것
이다' 하며 그의 머리 위에 검은 빛이 나는 예리한
뿔 두개를 꽂아 주었다. 뿔을 달고 돌아온 돼지는
득의양양하여 이만하면 이제 자신이 왕의 칭호를
받을만 하다고 생각했다. '자 내 뿔이 얼마나 아름
다우냐!' 그는 토끼, 개 고양이 벌들을 깔보며 크
게 말했다. '너희들은 조그마한 뿔도 없지 않으냐
이제부터 나는 너희들의 우두머리이니 나를 잘 섬
기도록 해라 그렇지 않으면 내 예리한 뿔로 너희
들의 배를 찌를 것이다'하며 뽐냈다. 그러나 그들
은 오히려 그렇게 생각하지를 않았다. '어리석은
놈아 이 뿔은 적에게만 쓰도록 너에게 준 것이지
스스로 잘난 체하며 자기의 친구까지 위협하라고

준 것이 아니야' 그러나 돼지는 동료의 말을 듣지
않았다. '현재 호랑이와 승량이가 나를 보면 벌벌
떨고 있다.' 그러면서 그는 자기의 두 뿔을 믿고
일년동안 일도 하지 않고 놀고 먹었으며 심지어는
사람집의 재물 양식까지 빼앗았다. 좌우 동료들이
참다가 못해 동물왕이 있는 곳으로 가 호소했다.
그랬더니 동물왕이 돼지를 불러 말하기를 '무치한
놈! 내가 너에게 자기 방어를 할 수 있는 무기가
없기에 두 뿔을 준 것이다.그런데 너는 과거의 친
한 친구까지 이를 이용해 침해하니 너를 용서할
수 없구나'. 그리고는 먼저 가벼운 벌로 뿔 하나를
빼어버렸다. 돼지는 통곡하면서 용서를 빌었다. 그
러나 집에 돌아오자 그는 추호의 뉘우치는 빛도
없이 전보다 더 심하게 굴었다. '너희들은 내 뿔을
보라 얼마나 위풍이 당당하냐 다른 동물은 전부
뿔이 둘이지만 나는 하나다.' 그 횡포가 너무 심해
지자 동료들은 또 동물왕에게 호소했다. 동물왕이
화가 나 남아 있는 뿔마저 뽑아버리고는 '은혜도
의리도 저버리는 놈!' 하며 꾸짖었다. 이리하여 돼
지는 이 때부터 뿔이 없게 되었다.

결국 남앞에 군림하고자 하는 욕심 때문에 방어 무기인

뿔을 뽑히고 만 돼지의 얘기이다. 위의 상황으로 볼 때 돼지는 매우 어리석고 난척하는 동물로 묘사되어 있다. 방어무기로 뿔을 특별히 달아 주었음에도 불구하고 돼지는 그 은혜를 버리고 동료들을 괴롭히며 자기 이익만 채우는 어리석은 동물로 의인화한 것이다.

이외에도 증보문헌비고(增補文獻備考) 상위고(象緯考) 12 물위(物異)4 저위(猪異)에 보면 기이한 돼지의 모습을 표현하였다.

> 신라 태종 2년 10월에 屈弗郡에서 흰돼지를 받쳤는데, 머리가 하나 몸뚱아리 둘, 다리가 여덟이었다.

라는 기록을 남겨 놓는가 하면, 같은 책 고려 태조 12년 조에 보면 서경의 백성집에서 머리는 하나고 몸이 둘이고 귀는 넷, 다리는 여덟인 돼지를 낳았다고 기록하고 있다.

이와 비슷한 기록이 숙종 3년 2월조, 공민왕 7년 3월조, 신우(辛禑) 7년 12월 조에도 계속 보인다.

이상의 이야기에서 우리는 돼지가 미련하고 욕심꾸러기라는 관념과는 먼 지혜롭고 지도자적인 동물로 표현되고 있음을 인지할 수 있다.

Ⅷ. 돼지띠의 금기사항

금기사항은 앞에서도 지적된 바 있지만 돼지는 출산과정에 있어 상당히 신성성을 지니고 있다. 돼지는 전언한 바와같이 새끼를 낳았다 하면 7, 8마리 또는 열두마리를 줄줄이 낳는다. 이때 제일 먼저 어미 뱃속에서 나오는 놈을 무녀리 라고 한다. 무녀리란 제일 먼저 어미 옥문을 열고 나오는 놈을 일컫는 말이다. 문열이에서 연철이 되어 무녀리가 되었다. 그런데 제일 먼저 나온 이 놈은 몸집이 가장 작아서 비실비실하는 편인데 알고 보면 첫번놈은 어미의 고통을 덜어 주기 위한 방편으로 자신은 몸을 작게 하여 나온 뒤, 뒤에 나오는 새끼를 위한 길을 터준다는 것이다. 알고 보면 효자라 할 수 있다. 그럼에도 몸집이 작다는 이유로 어미젖을 먹고 자라는데는 매우 고충이 심하다. 이처럼 괄세를 받다보니 천덕구러기가 되어 무녀리 라는 말은 바보, 얼간이 등의 통속어가 되었다.

그런데 이런 돼지가 12支日을 맞이할 때는 각 날마다 금기사항이 많다. 돼지날도 예외가 아니다. 먼저 정월 상해일(上亥日)엔 바느질을 하지 않고, 빗질도하지 않는다. 바느질을 하면 손가락에 병이 나고, 빗질을 하면 풍증이 생긴다고 한다. 이것은 앞에서 언급했던 사금갑(射琴匣) 이야기와 관계가 있는듯 하다.

돼지날엔 두개의 주머니를 비단으로 만들어 바지 허리끈에 매달고 다니던 풍속이 있었다.돼지주머니는 통통하게 만들고, 쥐주머니는 약간 길게 만든다.[11]

이것은 오계(五戒) 가운데 불사음계 를 범한 결과를 문책하고 성문란을 방지하라는 약속의 징표로 찬다고 한다.

---

11) 동국세시기, 上亥日 條

IX. 돼지와 관련된 꿈과 속담 그리고 민요

1. 돼지꿈

꿈은 크게 길몽과 흉몽이 있다. 대부분의 사람들은 흉몽보다는 길몽을 꾼 것에 대해 자주 얘기한다. 그런데 길몽 중의 가장 좋은 꿈은 역시 용꿈과 더불어 돼지꿈이다. 용꿈하면역시 춘향전의 월매가 생각난다. 꿈에 용꿈을 꾸어 양반인 이몽룡을 사위로 맞이하는 계기를 만들게 된 것이 그것이다. 결국 이몽룡은 과거급제를 해 어사까지 된다. 그래서 벼슬을 원하는 이들이 가장 선호하는 것이

용꿈이기도 하다.

바로 이 용꿈 다음으로 좋은 것이 돼지꿈이다. 용꿈이 지니는 높은 벼슬의 의미보다는 일상생활과 관계가 있다. 특히 부와 관련된 것이 두드러져 대부분의 사람들은 꿈속에서 돼지를 보았다면 왠지 그 날은 기분이 좋고 무언가 큰 일이 근사하게 이뤄질 것같은 생각으로 하루종일 설레게 되는 것이다. 그만큼 돼지꿈은 많은 사람들이 바라는 것 중의 하나이다. 그래서 돼지꿈을 꾸고 복권을 샀더니 당첨이 됐다던가 돼지꿈을 꿨더니 왕재수가 있다던가 하는 얘기를 자주 듣게 된다.

그러나 꿈에 돼지가 나타났다고 해서 무조건 다 좋은 것이 아니다. 돼지가 꿈에 나타나되 반드시 집으로 끌고 들어와야 좋다는 것이다. 들어오다 말고 집앞에서 어물쩍한다던가 나가버린다던가 하면 꾸나마나라는 것이다. 그런데 꾸지도 않은 돼지꿈을 꿨다고 이야기를 해 해몽을 요구하는 녀석이 있었다.

돼지꿈을 꾸면 재수 좋다는 말에 꿈도 꾸지 않은 녀석이 해몽가(解夢家)를 찾아가 어제 저녁에 돼지꿈을 꾸었다고 했다. 그랬더니 그 사람은 오늘 맛있는 음식을 잘 얻어먹겠다고 했다. 아무리 생각

해도 그럴 일이 없는데 , 10년동안 아무 소식이 없
던 수양딸이 우연히 맛있는 음식을 차려와서 대접
을 하는 것이었다. 꿈도 꾸지 않았는데 해몽이 맞
아 떨어지는 것이 신기해서 며칠 뒤에 다시 찾아
가 돼지꿈을 꾸었다고 하니 이번에는 깨끗한 옷을
얻어 입겠다고 했다. 옷을 해줄 놈이 전혀 없는 처
지라 이상하다고 생각하고 있는데 어릴 적에 사람
안될 놈이라고 내쫓았던 아들 녀석이 떼돈을 벌었
던가 느닷없이 옷 한벌을 해가지고 나타나는 것이
었다. 옷을 한 벌 잘 얻어 입고는 며칠 뒤에 다시
해몽하는 사람을 찾아갔다. 또 돼지꿈을 꾸었다고
하니 오늘은 조심하소 몽둥이로 맞을 꿈이네 하는
것이었다. 집에 가서 걱정하고 있자니 예전에 빚을
쓰고 이사와 버렸던 마을의 빚쟁이 하나가 수소문
해 찾아와서는 다짜고짜로 빚을 갚으라면서 몽둥
이 찜질을 하는 바람에 늘어지게 얻어맞고 말았다.
기가 막혀서 해몽하는 사람을 찾아가 내가 꿈도
꾸지 않았는데 어찌 그리 용케 알아맞추느냐 했더
니 야 이 놈아 그게 다 이치를 맞춰서 한 것이다
라고 대답했다.[12]

---

12) 최래옥, 구비문학 대계, 부안편, 정신문화원.

이것은 아무리 좋은 꿈을 꾸어도 해몽 나름이라는 견지에서 나온 돼지꿈 해몽 씨리즈 중 하나이다. 결국 이치를 맞춰 풀었다는 그것은 첫꿈이 잘 얻어 먹고 두번째 잘 얻어 입고 마지막에 두들겨 맞게 되는 것은 정한 이치라는 것이다.

그 이유인 즉슨 처음에 돼지가 울면 배가 고픈 것인가 해서 밥을 주고 두번째 돼지가 울면 추운가 해서 북데기를 넣어주고 세번째 돼지가 울면 먹을 것 주고 입을 것 다 줬는데 운다고 해서 씨끄럽다고 몽둥이 찜질이 들어간다는 것이다. 이것은 아이가 울면 젖 주는 과정과 닮은 논리이다. 그러니까 그 해몽은 정한 이치가 될 수밖에 없다는 것이다.

꿈은 어느 민족에게도 공통적으로 나타나는 현상이다. 그런데 유달리 우리 쪽에서는 돼지꿈을 선호한다. 그것은 역시 돼지의 속성 중의 하나인 재복과 관계가 있을 터이다. 누구나 남보다 부유하게 살기를 원하는 것이 인지상정이니까 말이다. 다음은 꿈과 연관된 속담을 보기로 한다.

2. 돼지 속담

① 꿈 속에 돼지가 깃을 물어들이면 비가 온다.

② 남의 집 돼지를 죽이면 대길하다.

③ 돼지를 몰고 들어오는 꿈을 꾸면 뜻하지 않은 재물이나 축의금, 사례금이 생겨 주머니가 풍성해진다.

④ 꿈에 돼지를 잡으면 길하고, 돼지가 저절로 죽으면 흉하다.

⑤ 돼지 목을 누르고 다리를 부러뜨린다.

⑥ 똥통에 빠진 돼지를 막대기로 건진다.

⑦ 돼지를 붙잡아 매어두었다.

⑧ 새끼 낳는 것을 보거나 쓰다듬는다.

⑨ 토실토실한 돼지를 쓰다듬는다.

⑩ 돼지가 따라 오거나 끌어 안는다.

이상의 꿈과 연결된 속담을 보면 한결같이 꿈 속의 돼지는 확실히 손아귀에 쥐어야만 복을 받을 수 있다는 의미가 부여됨을 알 수 있다. 그러니가 꿈 속에서 돼지를 만나되 죽여서는 안되며 잘 몰고 들어와야 한다는 것이다. ①은 돼지가 공중을 나르는 새의 깃을 물고 옴으로써 하늘의 수증기를 묻혀 와 비가 오게 한다는 의미가 있다. ②③④는 돼지를 죽임으로써 잿상에 오르는 신성한 돼지를 상징하는 것같다. 악귀를 몰아내고 복을 비는데 돼지를 잡아 신에게 받치기 때문이다. ⑤는 경쟁이나 재판을 하면 이기는 수이고, ⑥은 어렸을 적에 거리를 지나다 보면 인분과 동물들의 똥을 자주 밟았는데 그러한 경우 어른들이 재수가 좋다는 얘기를 해준 기억이 난다. 이것은 봉변을 위로하기 위한 말에 불과할 터이다. 똥통에 빠진 돼지를 건진다는 것도 바로 이러한 맥락에서 생각해볼 일이다. ⑦에서 ⑩까지는 일단 사람과 같이 있는 상태에서 본 것이라 좋은 징조임이 틀림없다. 이를테면 ⑧과⑨는 태몽과 관계가 있다거나 ⑩은 명예가 올라가거나 입신양명한다고 한 것이 그러한 예이다.

다음은 꿈과는 관계없이 돼지와 緣이 맺은 속담이다. 먼저 욕심과 관련된 것이다.

① 돼지밥을 잇는 것이 네 옷을 대기보다 낫다.
② 욕심이 돼지같다.
③ 돼지는 구정물에 살찐다.
④ 그슬린 돼지가 달아맨 돼지 타령을 한다.
⑤ 돼지같이 먹고 소같이 일한다.

이상은 돼지의 욕심과 관련된 것이다. 어렸을 적 누구나 밖에 나가서 놀다보면 옷을 험히 입어 더럽히거나 찢어져 들어오는 경우가 많았던 기억을 할 것이다. ①은 바로 이러한 경우 아이를 보고 어른들이 자주 뇌이던 말이다. ②, ③은 아무거나 먹어대는 잡식의 모습을 보고 하는 경우인데. ④는 똥묻은 개가 겨묻은 개를 나무라는 경우이다.

⑤는 먹는 것은 돼지같이 많이 먹고 일할 때는 소같이 미욱하게 일을 잘 해야 한다는 것이다.

다음은 돼지를 잡을 때 질러대는 소리와 그 모습으로 사람을 비유할 때 쓰는 속담들이다.

① 돼지 멱따는 소리를 한다.

② 돼지 불알까는 소리를 한다.

③ 돼지 용쓰듯 한다.

④ 돼지는 목청 때문에 백정 신명 돋군다.

위의 경우는 한결같이 목을 딸 때나 불알 까는 소리가 요란함을 비유한 것이다. 농경사회인 우리는 얼마전 까지도 집집마다 소 닭 개 돼지를 키우는 집이 많아 무슨 행사만 있으면 이 가축들을 잡아 회식을 했는데 그 중에서도 제일 씨끄러웠던 것이 돼지가 질러대는 소리이다. 나의 경우도 어렸을 때 내가 살던 동네에서도 툭하면 돼지 목따는 소리가 자주 들려 씨끄러웠던 기억이 난다. 그래서인지 재미있는 것은 ④의 경우이다.

목청 때문에 백정 신명 돋군다는 것은 그야말로 돼지 잡는데 이력이 난 백정을 두고 하는 말이다. 돼지를 잡을 때 용을 쓰는 돼지의 울음이 오히려 생명을 단축하는데 일조를 한다는 것은 그야말로 아이러니가 아닐 수가 없다. 어찌 생명과 관련이 있는데 신명을 돋굴 수 있을까.

다음은 돼지의 생긴 모습을 가지고 비유한 것이다.

① 돼지 목에 진주 목걸이
② 돼지 우리에 주석 자물쇠 단다.
③ 돼지 얼굴 보고 잡아 먹나.
④ 돼지 뒷발톱 어긋나듯 한다.
⑤ 돼지코인 사람은 잘 잔다.

①, ②는 어울리지 않는 경우를 비유한 것이다. 돼지 목에 진주 목걸를 걸어봤자 어울릴 수가 없다. 더구나 돼지 우리간을 보호하기 위해 그 좋은 철 자물쇠를 달아 봤자 허영 외엔 아무 것도 아니다. 그래서 무언가 어울리지 잃

는 경우에 사람들은 즐겨 말한다. 목적을 위해선 수단과
방법을 가리지 않는 경우에 쓰는 말로 ③의 경우가 있다.
그래서 돼지는 얼굴 보고 잡아먹는 것이 아니고 고기맛을
보고 잡아 먹는다는 것이다.

④는 돼지 뒷발톱은 소와 달리 작은 발톱이 위에 붙어
서 어긋나 있기 때문에 비유한 것이다. 이것은 정상이 아
닌 짓을 하는 사람에게 던지는 말이다. 뒷발톱의 모습이
어긋나 있기 때문에 붙인 소리이다. ⑤는 밥만 먹으면 쓰
러져 자는 돼지의 모습을 돼지코의 모습을 지닌 사람에게
비유한 경우이다.

이외에도 돼지를 비유하여 생긴 속담은 다음과 같다.

① 매돝 잡으러 갔다가 집돝 잃는다.
② 돼지가 새끼 낳을 때 검정옷을 입고 보면 부정
   탄다.[13]
③ 돼지처럼 대접하고 짐승처럼 먹인다.
④ 박복한 놈은 돼지를 키워도 들치만 된다.
⑤ 돼지띠가 식복은 있다.
⑥ 돼지띠는 잘 산다.

---

13) 원영섭, 우리속담사전, 세창출판사, 1993.

①은 큰 것을 잡으려다 작은 것까지 놓치는 경우를 비유한 것이고, ②는 돼지 자체가 까만 색인데다 오행상 색깔도 검은 색인지라 그 신성성을 기린 것이다. ③은 대접을 융성하게 하라는 경우이고, ④는 뒤로 넘어져도 코가 깨진다는 일반 속담을 돼지로 환유한 경우이다. ⑤와 ⑥은 돼지띠의 성질을 그대로 반영한 것이다.

위의 속담을 군이 구분 짓자면, 돼지의 천함과 돼지의 복성으로 나눌 수 있을 것이다. 전자는 돼지의 천박성과 관련된 속담이다. 돼지같이 먹는다던가 돼지 먹따는 소리, 돼지 목에 진주 목걸이 라는 표현은 한결같이 돼지의 천박성만 강조하는 내용으로 되어 있다. 이렇듯 모든 표현이 멸시의 대상으로 여기면서도 실제 돼지띠와 연결된 심성은 그렇지 않다는데서 돼지 의미에 대한 양면성을 볼수 있다.

3. 민요

돼지와 관련된 노래는 거의 눈에 띄지 않는다. 경주 지방에서 불리는 노래에 도야지요가 있다. 이는 교환창으로 불려지는 아이들의 노래이다. 무슨 큰 속뜻이 있다기보다

는 즉흥적으로 가사를 바꿔 부를 수 있는 단순 놀이의 노
래라 할 수 있다.

뭐 먹고 살았노 / 돼지 먹고 살았지 / 무슨 箸로 먹
었노 / 쇠- 저로 먹었지 /

누캉누캉 먹었노 / 나혼자 먹었지 / 꿀꿀 돼지
(임동권, 한국민요집에서)

위의 가사에서는 먹는 것과 돼지를 관련시켜 결국은 꿀
꿀돼지로 묘사하여 돼지의 욕심과 관련지어 표현했다. 한
집 울타리에서 같이 사는 돼지의 게걸스레 먹는 모습이
대부분의 사람들에겐 이렇게 비쳐지기 때문이다. 그러나
돼지의 참속성은 이와 반대임을 위에서 보아 왔기 때문에
돼지띠생들은 서운한 마음을 안가져도 될 것이다.

X. 돼지띠는 12띠 중에서 가장 무난한 띠

지금까지 돼지의 의미를 시작으로 12지와 관련된 돼지 그리고 그 성격과 아울러 음양 오행으로 알아본 돼지띠생들의 품성을 알아보고 이러한 것들이 이야기 속에서 어떠한 양상으로 나타났는가를 설화를 통해 확인해 보았다.

돼지는 잡식동물로서 욕심과 게으름의 표징으로 얘기되지만, 그의 장점인 복과 연계된 제반의 얘기들은 대체로 지혜롭고 남을 도우며 성실의 상징으로 표현된다. 더구나 동양 3국인 우리나라를 비롯한 일본과 중국의 경우 그 성격에 대한 풀이가 거의 같기 때문에 좋은 참고가 되었다.

◇ 김유신 묘 12지 신상의 돼지

이렇듯 좋은 의미를 지니고 있는 돼지의 성품에도 불구
하고 이와 관련지어진 설화나 민요는 그리 흔한 편은 아니다. 이러한 가운데서도 연변에서 전해지고 있는 <돼지는 왜 뿔이 없는가>[14]라는 테마는 지금까지 볼 수 없었던 돼지의 어리석음을 폭로했다.

내 국민학교 시절 국어책에서 배웠던 돼지 열두마리가 소풍을 가서 인원 점검을 할 때 자신은 빼고 계속 세어서 하루 종일 인원 점검으로 끝나던 얘기가 문득 생각 난다. 그리고 보니 그때부터 돼지는 역시 욕심 많고 미련스런 짐승으로 묘사되고 있음을 알 수 있다. 그러나 이 글을 읽은 지금부터는 그러한 돼지의 상을 지워도 될 것이다.

지금까지 서술했던 돼지띠의 성격을 보면 상기한 바대로 추진력있고 침착하며 순진 명랑한 성격의 표본임이 확인되었기 때문이다. 이러함에도 막상 돼지에 관한 자료를 모으려니 다른 동물보다 훨씬 자료 구하기가 어렵다는데 적잖이 놀라게 된다. 이것은 돼지가 주는 좋은 이미지가 그만큼 사람들에게 가까이 다가가지 못했다는 예증이다.

어쨌든 지금까지 서술했던 돼지띠의 성격과 관련된 오행의 얘기들은 그럴 수도 있다는 생각으로 가볍게 읽어야지 더 이상의 의미 부여는 오히려 몸에 해롭다는 것을 말하고 싶다.돼지띠들이여 매일매일 행운이 같이 하기를 !

---

14) 길림성민간문학집성(상권) 396쪽 연변조선족자치주 편 1987.

자료편

설 화

1. 비돈(鼻豚)의 전생 이야기

이 이야기는 부처님이 기원정사에 계실 때, 죽음을 두려워하는 어떤 비구에 대해 말씀한 것이다.

옛날 범여왕이 바라나시에서 나라를 다스리고 있을 때 보살은 암퇘지로 있었다. 그는 달이 차서 새끼 두 마리를 낳았다. 어느날 그 새끼들을 데리고 나가 움뜩한 땅에 누워 있었다.

그때 바라나시 성문 가까운 어떤 마을에 노파 한 사람이 살고 있었다. 그녀는 목화 밭에서 목화를 한 바구니

따 가지고 지팡이를 짚으며 집으로 돌아왔다. 암돼지는
그 발자국 소리를 듣고 죽을까 두려워 하여 그 새끼들을
보고 마치 자식처럼 안아 바구니에 넣어 들고 집으로 돌
아왔다. 그 형을 대비라 하고 그 아우를 소비라 하여 자
식처럼 길렀다. 그들은 차츰 자라 큰 돼지가 되었다. 누구
나 그 노파에게 가서

"이 돼지를 팔지 않겠습니까?"

하고 물으면 그녀는

"이것들은 내 사랑스러운 아들이다."

하면서 결코 팔려하지 않았다. 그런데 어느 축제일이
었다. 많은 도박꾼이 모여 술과 고기를 먹다가 어디 더
좋은 고기가 더 없는가 생각하였다. 그래서 그 노파 집에
돼지가 있음을 알고는 돈을 가지고 가서

"할머니 이 돈을 드릴 것이니 그 돼지 한마리를 파십
시오."

하였다. "당신네들 그런 말 마시오. 고기를 먹으려는 사
람들에게 그 아들을 파는 사람이 이 세상에 있다고 생각
합니까? 턱도 없는 소리."

하고 중얼거리며 거절하였다. 도박꾼들은

"할머니 돼지는 사람의 자식이 아닙니다. 그러지 말고
양보해 주십시오."

하고 재삼 부탁했다. 그러나 아무래도 그것은 살 수 없었다. 그래서 그들은 노파에게 술을 많이 권하고 좋은 기회를 엿보아

"할머니 당신은 그 돼지를 그처럼 귀중히 여겨 대체 어쩌자는 것입니까. 그런 무식한 말 말고 이 돈을 가지고 무엇이나 가지고 싶은 것을 사십시오."

하며 그 손에 돈을 쥐어 주었다. 그녀는 돈을 받으면서

"아 여러분 그렇더라도 대비는 안됩니다. 소비를 가져 가십시오."

하였다.

"그것은 지금 어디 있습니까?"

"아마 저 덤불 속에 있을 것입니다."

"그러면 오라고 소리 쳐 주십시오."

"마침 지금 먹이를 가지지 못해서."

그들은 빨리 돈을 내어 먹이 한 쟁반을 사왔다. 그녀는 그것을 문 곁에 있는 죽통에 가득 넣어 두고 그 옆에서 기다리고 있었다. 그들 30 명은 손에 밧줄을 들고 그녀와 같이 서 있었다. 노파는

"소비야, 이리 오너라 이리 오너라"

하며 그 이름을 불렀다. 그 소리를 들은 대비는

"지금까지 우리 어머니는 소비 이름을 먼저 부른 적이

없다. 언제고 내 이름을 먼저 불렀다. 저렇게 하는 것은 반드시 우리에게 어떤 무서운 일이 생긴 것이다."

하고 생각하였다. 그리하여 그는 아우에게

"소비야, 어머니가 너를 부른다. 빨리 가 보고 오라."

라고 하였다. 그는 갔다가 죽통 곁에서 그들이 기다리고 있는 것을 보았다. 그는

"아아, 오늘 나는 죽는가보다."

생각하고 갑자기 죽음이 두려워 벌벌 떨면서 그 형에게 왔으나 이리저리 날뛰며 가만히 있지 못하였다. 대비는 그를 보고 물었다.

"너는 오늘 떨고 돌아다니면서 저 집 입구만 바라보고만 있구나. 왜 그런 모양을 하고 있느냐."

이 자세한 말을 듣고 보살(대비)은

"소비야 우리 어머니가 오늘까지 우리를 기른 목적이 과연 무엇이었던가. 오늘 그 목적이 이뤄진 것이다. 너는 무엇을 그리 고민하느냐."

하며 상냥한 소리로 부처님의 묘한 법을 말하였다.

　

어수선하게 돌아다니며 숨을 곳 찾는구나

도움없는 너는 지금 어디를 가려느냐

소비여, 너는 즐겁게 그 먹이를 먹어라

우리는 살 찌우기 위해 길러지나니

맑은 물 가득한 저곳에 뛰어들어
모든 더러운 땀과 때를 씻어라
그리하면 맑은 향기 다함이 없는
묘한 향기로운 기름이 얻어지리

그는 열 가지 바라밀을 생각하되 자비 바라밀을 제일 먼저 두고 이렇게 첫째 글귀를 읊었다. 그 소리는 모든 곳에 두고 퍼져 12 유순의 저쪽에 있는 바라나시에 까지 울려 퍼졌다. 그 소리를 듣고 곧 국왕과 대신들을 비롯해 바라나시 사람들이 모두 나왔다. 그리고 나오지 못하는 사람들은 다 집에서 귀를 기울였다.

왕의 부하들은 그 덤불을 둘러싸고 땅을 평탄하게 한 뒤에 모래를 깔았다. 도박꾼들은 술이 깨어 밧줄을 버리고 그 묘한 법을 듣기 위해 그 자리에 서 있었다. 그리고 그 노파도 술이 깨었다. 보살은 대중 복판에 나와 소비에게 묘한 법을 연설하기 시작했다. 소비는 그 말을 듣고,

"내 형은 저렇게 내게 말하였다. 그러나 연못에 뛰어들어 목욕하고 내몸의 땀과 때를 씻어버리고 새로운 향유를 바른다는 것은 아무래도 우리들의 관습이 아니다. 형은

무엇 때문에 그런 말을 했을까"
  하고 다음 게송으로 물었다.

  흐림없는 맑은 못이란 무엇인가
  어떤 것을 그 땀과 때라 하는가
  그리고 맑은 향기 다함이 없는
  묘한 향유란 어떤 것인가

  이 말을 듣고 보살(대비)은
  "그러면 너는 귀기울여 자세히 들어라."
  하고 부처님의 방편의 힘으로 다음 게송의 법을 설명
하였다.

  법이야말로 그 맑은 못이요
  죄를 그 땀과 때라고 한다
  계율이야말로 묘한 맑은 향기로
  그 향기는 항상 다함이 없다.

  그 몸을 버려 사람들은 기뻐한다
  몸을 버리지 않는 이에게는 기쁨이 없다
  보름달밤의 그 즐거움처럼

크게 기뻐하면서 사람들은 그 목숨을 버린다

보살은 이와같이 묘한 소리로 부처님의 묘한 상(相)에 의해 설법하였다. 대중들은 백천의 박수를 보내고 환호하면서 그 소매를 흔들었다. 그리고 허공에도 그 환호의 소리가 울려퍼졌다.

바라나시왕은 예로써 보살을 대우하고 그 노파에게도 큰 명예를 주었다. 그리고 두 마리 돼지를 향수에 목욕시켜 옷을 입히고 그 머리에는 화만을 씌어 바라나시로 데리고 돌아갔다. 그리하여 그들을 태자의 지위에 앉히고 많은 시신(侍臣)들로 하여금 봉사하게 하였다.

보살은 또 왕에게 오계를 주고 모든 바라나시 주민들과 가시국의 주민들에게 계행을 가지게 했다. 그리고 재일(齋日)에는 그들을 위해 설법하였다. 또 모든 일을 잘 조사해 처리하였다. 그가 살아 있는 동안에는 조금도 삿된 법은 행해지지 않았다.

그 뒤 얼마 안되어 왕은 죽었다. 보살은 그 시체를 돈독히 장사지냈다. 그리고 재판한 사건을 정리하여 한 권의 책을 만들었다. 그리고

"이 책을 보고 모든 사건을 처리하라"

고 사람들에게 알려 주었다. 그리하여 많은 사람들에게

열심히 설법한 뒤에 사람들이 슬피 우는 속에서 소비와 함께 숲으로 돌아갔다. 보살의 설법은 6천년동안 거기서 행해졌다.

부처님은 이 이야기를 마치시고

"그 때의 그 왕은 저 아난다요, 그 소비는 죽음을 두려워하는 저 비구이며, 그 사람들은 저들 내 권속이요, 그 대비는 바로 나였다" 하였다.

<본생경>

2. 꿀꿀돼지

돼지는 자나깨나 꿀꿀거리는데 '꿀꿀' 하는 그 사연을 알고 보면 그것이 그 선조때부터 전습되어온 꿀 찾는 소리랍니다. 어떻게 되어 돼지는 그처럼 꿀을 찾게 되었는지 여기 이런 이야기가 있답니다.

참 오래고도 오랜 옛날이었답니다. 나이 젊은 세 선비가 깊은 산속으로 들어가서 도를 닦게 되었답니다. 그들은 산속에서 생활하면서 서로 밥을 지어 먹게 되었지요.

첫째 선비가 밥을 지을 때면 의례 자기가 곯게 담았지

만 두 선비의 밥식기에다는 복주께가 덮이지 않을만큼 잔뜩 담군 하였군요. 둘째 선비가 밥을 지을 때면 어느 밥식기나 많고 적은 것 없이 똑같이 담군 하였답니다.

그런데 세째 선비가 밥을 지을 때면 의례 두 선비의 밥식기보다 자기의 밥식기에다 더 많이 담았답니다. 이렇게 지내면서 세 선비가 오랜 세월을 두고 공부하던 끝에 도를 닦는 일이 끝나게 되자 하늘의 옥황상제께서 세 선비의 품덕을 고찰하시고 나서 제각기 나갈 길을 제시해주게 되었더랍니다.

첫째 선비에게는 사람됨됨이 어느 때나 자기보다 남을 첫짜리에 놓고 남을 돌봐주는 미덕이 높다하여 그한테는 신선이 될 길을 열어주었구요. 둘째 선비는 그 사람 되됨이 매사에서 내남이 분별없이 골고루 돌보는 아름다운 품덕이 있다 하여 그한테는 앞으로 백성을 다스리는 나라일 보는 길을 제시해 주었더랍니다.

그러나 세째 선비만은 그 사람 됨됨이 매사에서 남이야 어쎗든 자기 뱃속만 채우면 된다는 심보가 더러운 욕심꾸러기라 하여 그에게만은 돼지가 될 미물 짐승의 길을 제시해 주었답니다.

이런 세 갈래 운명의 길 앞에서 두 선비가 생각하니 참 기막히는 일이었습니다. 글쎄 공부하러 들어올 때는 셋이다 똑같은 사람의 신분으로 함께 들어왔건만 오늘 헤어질 날을 앞두고 셋째 선비만은 욕심 많고 추잡한 돼지의 운명에 떨어지게 된 것입니다. 그러니 어찌 애타고 가슴 아픈 일이 아니겠습니까.

두 선비는 세째 선비가 돼지의 운명에 떨어지게 되는 것은 세째 선비의 욕심많은 그 더러운 성품 때문이기는 하지만 셋이 같이 들어와 도를 닦는 마당에서 자기들이 세째 선비한테 옳바른 길로 나가도록 제때에 이끌어 주지 못한데도 잘못이 있는 것이라고 깊이 뉘우치게 되었습니다. 그래서 두 선비는 세째 선비가 잠든 틈을 타서 가만히 의논들을 하였었지요.

그들은 세째 선비를 다시 시험해 보아서 그가 만약 그 욕심주머니를 버리기만 한다면 옥황상제한테 상소하여 새 사람으로 될 길 을 다시 제시받게 하자는 의논을 하였더 랍니다. 이렇게 의논한 두 선비는 세째 선비를 불러 놓고 빈 자루를 내어 주면서 산에 가서 도토리를 주어 오라고 하였습니다.

그랬더니 세째 선비는 산에 가서 가둑나무 숲속을 싸다니면서 도토리를 주워 까는 족족 자기 입에다 홀딱홀딱 처넣기만 하였습니다. 이렇게 그는 실컷 먹고 제 배가 불룩하게 된 다음에야 자루에다 한알 두알 주워 넣기 시작하였습니다. 제 배가 부른 그는 그것마저 싫증이 나서 더 주울 넘을 하시 않았습니다. 남보다 자기만을 생각하는 셋째 선비는 이미 제 배가 부를 때로 불렀으니까요. 그는 홀쭉한 자루를 둘러메고 어슬렁어슬렁 집으로 돌아오고 말았습니다. 그는 그래도 두 선비한테

"산에 도토리가 어찌나 많은지 보는 족족 주어까먹다보니 그만 배가 너무 불러 허리를 굽히기 가빠나서 요것만 주어왔소"라고 체면없이 떠벌리는 것이었습니다.

이를 보는 두 선비는 참 어이도 없었거니와 부아도 났습니다. 두 선비는 그한테

"옥황상제가 자네를 사람도 아니고 짐승가운데서도 가장 더러운 돼지로 되게 한 것은 자네의 욕심많은 그 심보 때문이었는데 또 제 배만 먼저 채우고 이렇게 홀쭉한 자루를 메고 돌아왔은 즉 허욕이 아무리 많기로 체면도 생각해야 되지 않겠나!"

하고 내심하게 잘 타일러 주었습니다.

셋째 선비는 크게 뉘우치기나 한듯이 이제 나도 사람이 될 결심을 하고 있으니 한번만 더 시험해 봐달라고 사정하는 것이었습니다. 두 선비는 다시 의논한 끝에 또 자루를 내어 주면서 산에 가서 잘 익은 돌배를 따오라고 시켰습니다. 이번만은 셋째 선비가 단단히 결심할 것이라 생

각했습니다.

그런데 돌배 따러 갔다온 세째 선비를 보니 왠걸 그냥 그 꼴이었습니다. 따온 것은 역시 겨우 몇알밖에 안되는데 잘 익은 돌배는 자기가 따는 족족 다 먹어 치우고 따왔다는 것은 익지 않은 시퍼런 돌배 뿐이었습니다. 그는 이빨이 시도록 먹고 나니 그만 배가 불러서 더는 먹을 수 없었고 더 따자니 숨이 가빠서 더 따지 못했노라는 것이었습니다.

두 선비는 애타는 마음으로 거듭 일깨워 주면서 그래도 행여나 그 더러운 심보를 고칠까 하는 생각에서 거듭 시험해 보았습니다. 이렇게 몇번이나 타일러 주면서 그 몇번이나 시험해 보았는지 모릅니다.

그러나 세째 선비는 번번이 입에 침이 마르도록 다시는 그러지 않겠노라고 다짐하고 다짐했으나 그 버릇은 좀처럼 고치지 못하는 것이었습니다. 두 선비는 애를 쓰다 못해 인제는 더할 수 없게 되니 옥황상제가 제시한 그대로 할 밖에 딴 도리가 없다고 울면서 갈림길에서 제각기 갈라지지 않으면 안되었습니다.

두 선비와 갈라지게 된 돼지는 제 갈데로 가게 되었지요. 돼지는 혼자서 제 심보를 고치지 못한 자기 잘못을 뉘우치는 대신 주둥이가 잔뜩 나와 툴툴거리면서 행방없

이 이곳 저곳을 지나다가 한 배나무가 서 있는 곳을 지나
게 되었습니다. 배나무 밑에서 주렁주렁 달린 돌배를 노
려 보고 있던 꼬마 토끼들이 그를보고 반가와 하면서

"아저씨! 아저씨 저 돌배를 좀 따주세요!"

라고 간청하는 것이었습니다.

"오냐 오냐 염려 말아 내 따 주마!"

하고 선선히 대답한 돼지는 꼬마 토끼들을 물러서라고
한 다음 커다란 바위돌을 냉큼 안아다가 배나무 중둥이를
힘껏 갈겼습니다. 배나무가 한바탕 되게 몸부림 치더니
싯누런 돌배들이 와그르르 떨어졌습니다. 나무 밑에는 돌
배들이 쫙 깔렸습니다. 이를 본 꼬마 토끼들이 기뻐서 냠
냠 먹겠다고 깡충깡충 뛰어 들어오는 것을 본 돼지는 또
그 욕심이 치밀어 두 팔을 쩍 벌리고 서서

"안돼 안돼. 이건 다 내가 딴 거다."

라고 하면서 꼬마 토끼들을 막 쫓아버리는 것이 아니겠
어요. 그리고는 널린 돌배들을 죄다 끌어 모아놓고 제혼
자 게걸스럽게 처먹고 있었습니다. 돼지한테 쫓기운 꼬마
토끼들이 모두 울며 돌아서는데 꿀벌이 앵하며 날아 왔습
니다. 꿀벌은 꽃밭에 갔다오던 길에 돼지 하는 짓을 보았
지요. 꿀벌은

"울지말아 울지 말아. 돌배보다 더 달고 더 맛 좋은 꿀

을 먹으러 우리 집에 가자.

라고 하면서 꼬마 토끼들을 자기 집으로 데려 갔습니다. 돌배를 혼자서 실컷 먹고난 돼지는 그제야 꿀벌이 하던 말이 퍼뜩 생각이 났지요.

"꿀이란게 돌배보다 얼마나 더 달고 맛좋은 것일까?"

바싹 구미가 동한 돼지는 배부른 비둔한 몸을 뜨직뜨직 움직이면서 꿀벌이네 집으로 갔습니다. 꼬마 토끼들은 모두들 기뻐하면서 한참 꿀을 냠냠 먹고 있었습니다. 돼지는 자기도 꿀을 먹겠노라고 꿀꿀하고 덤벼들었습니다. 꿀벌들은 얄미운 돼지의 행실이 괘씸하여 꿀을 주지 않았습니다. 이에 그만 부아가 난 돼지는 무턱대고 꿀통에 막 덮쳐 들었습니다.

꿀통을 지키고 있던 꿀벌들은 그만 성이 왈칵 치밀어 사나운 불길처럼 돼지한테 덤벼들어 막 쏘아댔습니다. 눈코뜰새 없이 꿀벌한테 쏘이게 된 돼지는 그만 질겁하여 도망갔습니다. 그러나 벌떼들은 그냥 왕-하고 따라가면서 침으로 연신 돼지의 주둥아리를 마구 쏘아댔습니다. 돼지는 어찌나 바빠났던지 도망치다 못해 어느 낟가리 밑에다 주둥아리를 틀어박고 막 바쁜 비명을 질렀습니다.

이때 마침 일밭에서 점심 먹으러 집으로 돌아오던 농군들이 이것을 보고 얼른 모여들어 든든한 참바로 돼지의 사지를 꽁꽁 묶었습니다. 이로부터 울에 갇힌 욕심 많은 돼지는 꿀벌이네 집에 가서 먹어보지 못한 그 꿀맛이 잊히지 않아 '꿀꿀' 자나깨나 '꿀꿀', 놀면서도 '꿀꿀', 먹다가도 '꿀꿀'거리고 꿀벌한테 혼쌀 먹던 일이 하도 몸서리쳐 자면서도 주둥이를 감추노라고 북데기 속에 틀어박고 '꿀꿀'한답니다. 그래서 사람들은 그를 불러 '꿀꿀돼지'라 합니다.

<김례삼 정리, 천도복숭아. 연변인민출판사>

3. 돼지처녀와 백정아들

옛날 한 고을에 백정이 살고 있었다. 그때 나라에서는 백정은 물론 그의 자자손손들까지 모두 제일 천한 사람으로 취급했다. 하여 다른집 자식들은 시집, 장가를 가나 백정의 아들은 나이 스물이 되도록 장가를 갈 수가 없었다.

이때 이웃 고을에 살고 있는 윤대감의 집에는 과년한 딸이 있었지만 역시 출가를 시키지 못해 벌써 수년을 하루와 같이 걱정하고 있었다. 대감부부는 늙도록 한점 혈육이 없다가 하늘에 백일 치성을 드린 후에 태기가 있어 10삭만에 딸을 보았는데 머리와 발은 심통히도 돼지 모양이었다. 그래서 소문이 문밖에 나갈세라 후원에다 별당을 짓고 그곳에 가둬 놓고 크면 차차 변하겠거니 하고 하루 이틀 일년, 2년을 지나는 사이에 20세가 되도록 그 모양 그 꼴이라 발없는 말이 하루에도 천리를 간다고 한 입 건너 두 입 지나 인근 동네까지 소문이 자자하게 되었다. 그래서 대감 부부는 동서 남북으로 수소문 해서 사위감을 골랐으나 말만 듣고서도 꼬리를 빼는가 하면 간혹 대감집의 재산이 욕심이 나서 찾아오던 총각들도 색시를 한 번 보고는 질겁해서 도망치는 바람에 부모의 속은 타고 타서 재가 되었다. 그래서 과년한 처녀를 그대로 늙힐 수는 없어 제일 천하다고 소문이 난 백정의 아들에게 딸을 주겠노라고 자청해 나섰다.

백정 역시 아들을 홀아비로 늙히고 싶지 않던 차라 아들을 불러 놓고 한숨을 쉬며 전후 사실을 이야기하였다. 이리하여 백정의 아들은 부모의 마음이나마 덜어주고 싶은 마음에서 날을 택해 가지고 윤대감네 집을 찾아갔다.

듣던 말 그대로 처녀는 사람의 옷을 입었으나 돼지대가리에 돼지 발이어서 보기만 해도 소름이 끼쳤다. 백정의 아들이 가만히 생각하기를

"우리 아버지가 백정이라 해서 나까지 이런 여자와 배필을 뭇게 되는가?" 하고 한탄하다가 "이것도 팔자인가?

아니면 연분인가?" 하고 중얼거리며 지루한 하루해를 보
내고 밤이 되자 신부방으로 터벅터벅 걸어갔다.

그날인즉 보름날이라 달이 휘엉청 밝은데 달빛은 후원
별당을 비춰주니 백정 아들의 생각은 밑빠진 바다같이 깊
어만 갔다.

"일생의 배필이란 여자가 돼지대가리에 돼지 발쪽을 가
졌으니 내가 백정의 아들이라고 잡아서 고기라도 팔아 돈
이라도 모으라는겐가."

이 생각 저 생각 하느라니 잠은 오지 않고 눈은 점점
말똥말똥해 눠서 탄식하며 각시를 보느라니 눈물을 글썽
글썽해서 고개를 숙이고 앉아 있는 것이 미물의 짐승이나
마 하도 측은한 생각이 들었다.

"여보 양부모가 정해준 혼인이니 좋아도 내 아내요 못
나도 내 아내이니 우리 함께 삽시다. 그러자 새각시의 더
운 눈물이 백정의 아들의 손등을 함뿍 적시었다. 새각시
는 창문에 다가앉아 보름달을 향하여 중얼거리며 손을 싹
싹 비비더니 문을 열고 밖으로 나갔다. 백정의 아들이 깜
짝 놀라 쫓아가보니 새각시는 세고패를 뒹글더니 벼락치
듯 요란한 소리와 함께 돼지 허울을 벗어 던지고 아름다
운 여인으로 변했다.

백정의 아들이 하도 놀랍고 신기해서 어쩔 바를 모르는

데 처녀는 돼지 허울을 들고 와서 옆에 놓고는

"저는 옥황상제의 세째딸로서 인간에 대한 감정이 너무 깊다고 죄를 받아 인간에 내려와 돼지로 태어나서 굴욕을 받다가 보름날 백정의 아들과 인연을 맺어야만 비로소 인간으로 될 수 있는데 오늘 천행으로 귀한 님을 만나 허울을 벗게 되었으니 버리시지 않는다면 소첩이 평생을 받들어 모실까 하옵니다."

하며 아미를 숙이는데 천하에 둘도 없는 미인이요, 예의범절 또한 출중하려니와 목소리는 꾀꼴새가 무색할 지경이었다.

그날밤 윤대감은 일이 어떻게 되나 하고 들랑날랑하며 뜬눈으로 장밤을 새우고 날이 밝자 하인을 불러 신부방에 가보라고 했다.

하녀가 발끝으로 별당 창문턱에 다가가서 세 치 혀끝으로 창호지를 구멍내고 한 눈으로 들여다 보니 분명 골은 둘이온데 난생 처음 보는 미녀라 다시 눈여겨 보니 옆에는 돼지 허울이 당그렇게 놓여 있었다.

"대감님 아뢰옵기 황송하오나 골은 둘이온데 난생 처음 보는 미녀가 있고 옆에는 돼지 껍대기만 남아있는 줄 아뢰옵니다."

윤대감이 그 소리를 듣더니 하늘이 무너지듯 가슴이 철

렁 내려앉았다.그도 그럴 것이 대감의 생각에 제 피줄을 받아물고 태어났다고 해서 버리지를 못하고 키워서 백정의 아들에게 다 짝을 지워 주었더니 열에 아홉은 백정의 아들이 잡아먹고 껍데기만 남긴 것이라고 여겼던 것이다.

그래서 마누라를 불러 다시 가보게 한후 안절부절 못하고 돌아쳤다. 대감의 마누라가 들어가보니 이게 왠일인가. 글세 알몸뚱이인 딸이 반겨 맞으며

어머님, 빨리 내옷 갖다 주세요. 옷 갈아입고 부모님께 인사하겠어요. 하며 어리강을 부리는지라 하두 기쁜 김에 엎어져 무릎을 다쳤건만 아프다는 말 한마디 없이 달려와서 가쁜 숨을 몰아쉬며 영감님, 어서 의관을 갖춰 쓰고 딸과 사위 절 바을 차비나 하세요. 하며 부산을 떨었다. 그래도 윤대감은 어느 장단에 맞춰 춤을 춰야 할지 몰라서 멍해 있었다.

딸과 사위의 절을 받고 딸의 이야기를 듣고난 윤대감은 그제야 무릎을 탁 치며 하는 말이 허허 그러게 이성지합은 만복지원이라고 혼사장에 있다싶이 원앙지합은 천생에 막지 못한다는 옛말이 조금도 틀림없느니라. 하며 딸과 사위를 하루 이틀 데리고 놀다보 니 어언 반년만에야 사둔네 집으로 보냈다.

이때 백정네 집에서는 아들을 보낸 후에 하루를 삼추같

이 눈뿌리가 빠지게 앞산 오솔길을 바라보며 기다렸으나 종무소식인지라 백정이 매일 술상을 앞에 놓고 탄식하며 하는 말이

"내가 하두 가난해서 백정질을 한 탓에 결국엔 돼지며느리가 차례져 이 녀석이 안오는 걸 보니 아무래도 잡아 먹고 오는 모양이지." 하고 푸념을 하고 있는데 난데없이 신랑 신부가 도착했다는 기별이 전해왔다. 백정이 버선발로 마루에 나서서 가만히 바라보았다. 가마에서 사쁜 내려 절하는 며느리를 보자 어찌나 기쁘고 반갑던지 절받을 생각은 안하고 저도 모르게

"야 윤대감님의 딸이 돼지혼을 타고난 돼지라기에 백정이란 천한 일을 했다고 후회했는데, 이젠 죽을 때까지 백정질을 해야겠다."하며 며느리의 팔을 잡고 덩실덩실 춤을 추며

"어디 보세나. 며늘아기, 이게 꿈인가 생시인가."고 했다.

"아버님 사람이란 만물의 영장인데 없다고 업신보지 말고 천하다고 깔보지 말아야지요. 부귀란 있다가도 없는 것이지요. 이 세상에 백정이 없다면 잔치 환갑상은 물론이요, 생일 젯상의 육붙이는 뭘로 놓으며 임금님이 잡수시는 육붙이는 누가 잡아서 올리겠나이까? 그러니 이 세

상의 백정일이 제일인 줄 아뢰나이다.”

　머느리의 말에 마음이 후련해진 백정은 “그렇구 말구, 암 그렇구 말구”하고 연신 되뇌였다. 그후 그들은 화목한 가정에 웃음을 꽃티우며 남부럽지 않게 살았다 한다.

<연길 민간문학자료집, 3에서>

4. 산돼지를 구해준 머슴

어느 옛날 한마을에 마음씩 착한 머슴과 악한 주인이 있었다.

정월 명절을 맞이했는데도 주인은 조반도 먹이지 않고 나무를 해오라고 했다. 산으로 가 나무를 한 짐쯤 했는데 별안간 산돼지가 와서 살려달라고 해서 나무 속에 감춰놓고 나무를 계속하고 있었다. 조금후 포수가 오더니 산돼지를 못봤느냐고 물었다. 그래 지금 막 저리로 갔다고 대답했다. 산돼지는 조금후 에 나무속에서 나와서 은혜에 보답할테니 나무를 갖다 두고 오라고 했다.

집으로 와 머슴이 집을 나가겠다고 했는데도 주인은 내다보지도 않았다. 산돼지에게 가니까 등에 타라고 하기에 머슴이 탔더니 얼마쯤 가다가 내려 놓았다. 바위 앞에 서더니 산돼지가 열려라 바위! 하니까 바위가 열리더니 그 안에는 대궐같은 기와집이 한 채 있었다. 바위 안으로 들어서더니 닫혀라 바위! 하니까 닫혔다. 산돼지는 자기의 말을 잘 들으면 장가도 보내주고 잘 살게 해줄 것이라며 아랫 동네 대감 집에 가서 머슴을 살으라고 했다.

둘이 바위 속에서 나와 헤어지려 할 때 산돼지가 자주 와 달라고 했다. 머슴은 아래 동네로 가서 대감에게 머슴을 두지 않겠느냐고 물으니 주인은 아주 친절히 대해 주며 허락해 주었다.

다음날 머슴은 나무를 하러 나가 산돼지한테 가니 산돼지가 나무를 한짐 해주며 그 집 뒷광에 있는 소를 끌고 오라고 했다. 그는 산돼지 말대로 주인에게 소를 끌고 가서 나무를 해오게 해 오겠다고 하니 그 소는 천하장사도 못 끈다고 주인은 말했다. 머슴은 괜찮다고 했다. 그는 곧 뒷광에 가서 소를 끄니 아무렇지도 않게 끌려 나왔다. 주인은 소를 잘 몬다고 기뻐하였다.

머슴이 곧 산돼지한테로 소를 끌고 가니 칡을 한짐 해오라고 했다. 칡을 해 가지고 가보니 산돼지는 벌써 집채

만한 나뭇더미를 해놓았다. 머슴이 그것을 소에 싣고 내
려가니 주인이 뛰어 나오더니 크게 놀랐다. 나무를 부리
고 나서 소를 갖다 매고 오니 주인은 자기 딸과 결혼을
해달라고 했다. 머슴은 대답은 내일 하겠다고 하고는 산
돼지에게로 갔다.

산돼지는 결혼을 곧 하라고 했다. 그러나 첫날밤에 지
네가 와서 신부를 데리고 갈 것이니 자지 말고 내가 바깥
에서 부르면 세마디 전에 대답하고 곧 나와야 된다고 말
했다. 머슴이 결혼은 언제 하느냐고 물으니 내일이나 모
래 양일간에 하라고 했다.

주인집으로 다시 온 머슴이 결혼 승낙을 했더니 안주인
과 함께 기뻐하며 내일 결혼식을 하자고 했다.

이튿날 아침 일찍 일어나 집안을 깨끗이 치우는데 안주
인이 나와 옷을 갈아 입으라 했다. 그는 옷을 갈아입고
결혼식을 마쳤다. 저녁이 되어 첫날밤 잠자리에 들기 시
작했다. 밤이 깊어서 산돼지가 한번 두번 세번을 불렀다.
그런데도 머슴은 깊이 잠이 들어 아무 것도 몰랐다.

산돼지는 목이 쉬도록 울며 불렀으나 그는 여전히 잠만
자고 있었다. 산돼지가 마지막으로 한 번 불렀을 때야 깨
서 나가보니 산돼지가 "너의 부인은 없어진지 오래이니
얼른 등에 타라 !" 고 했다. 산돼지는 천리를 한 숨에 뛰

어갔다. 산돼지가 말하기를 "저 집 담을 올라가 지붕 위에서 앞마당으로 뛰어 뛰어내려서 너희들 무엇을 하느냐. 할 것 같으면 지네가 네 하느님 내려오셨습니까? 할 것이다. 그래도 잠자코 있으면 장기를 두자고 할 것이니 져주도록 하라. 지네는 기뻐하며 부채질을 할 것인데 그 밑에는 빨강, 노랑, 파랑의 세가지 세 가지 주머니가 있을 것이다. 그때 지네의 왼 뺨을 때리고 부채의 세 주머니를 빼앗아 나한테 오라. 그러면 지네는 파리가 되어 쫓아올 것이니 붙잡힐 것 같으면 주머니를 하나씩 던져라" 했다.

머슴이 지붕 위에서 뛰어 내리며 "너희들 무엇을 하고 있느냐?" 하니까 정말 지네는 "네 하느님 오셨습니까?" 하고는 안으로 모시고 들어가더니 장기를 두자고 했다. 몇 말을 놓기도 전에 지네가 이기자 기뻐서 산돼지 말대로 부채를 꺼내 부채질을 하는 것이었다. 그때 왼 뺨을 갈기며 주머니 셋을 뺏아가지고 도망쳐 나왔다.

산돼지를 타고 얼마쯤 달리니 지네가 쫓아오며 뒤에 닿을락말락한다. 머슴은 얼른 노랑주머니를 먼저 던지니 뒤에는 가시덤불이 몇천리가 생기는 것이었다. 그런데도 지네는 여전히 쫓아왔다. 다시 파란 주머니를 던지니 큰 바다가 생기자 지네는 파리로 변해 뒤를 바짝 따라왔다. 산돼지는 여전히 달리고 있었다. 이번에는 빨강주머니를 던

지니 지네는 타죽고 말았다.산돼지에게 그 얘기를 하니 되돌아 뛰기 시작했다.

산돼지가 말하기를 "그 집에는 광이 열둘이 있다. 첫째 광에는 죽은 사람을 살리는 빨간 열매와 흰 열매가 들어 있는데 빨간 것을 입에 물리고 살아라 하면 살고, 흰 것을 머리에 씌우고 혼 살아라 하면 혼이 산다. 그리고 여섯째 광에는 네 부인이 있는데 죽어 있으니 그렇게 해서 살리고 열째 열한째 열두째 광에는 산 사람이 있으니 살려주고 오너라" 했다. 머슴은 많은 사람을 살리고 처와 둘이 산돼지 등에 타고 집으로 왔다.

얼마후 산돼지가 "나는 내일 하늘로 올라가니 내 가죽을 잘 묻고 행복하게 살아라" 하였다. 머슴은 산돼지가 하늘로 올라간 날을 잘 알아두어 제를 지내며 행복하게 살았다. 그런데 먼저 주인 집안이 망했다는 소식을 듣고 가족을 데려다 한 살림을 하였다. 그래서 그런지 점점 부자가 되어 천하에 보기 드물게 잘 살았다 한다.

<임동권 『한국의 민담』에서 채록>

5. 금돼지와 원

옛날 강원도 김화군 금성면 뒷산에 금돼지 한 마리가 살고 있었다. 이 금돼지는 변화가 무궁하여 여러 짐승으로는 물론 사람으로도 되는데 어느때 김화 원의 내외를 아무도 모르게 깜쪽같이 자기 굴 속으로 데려가서 곧 잡아먹지도 않고 날마다 자기 하는 일을 시키고 있었다.

어느 날의 일. 금돼지는 원에게 "당신은 이 세상에서 무엇이 제일 무서운가?" 하고 물었다. 원은 대답하기를 "나는 이 세상에서 떡이 제일 무섭다." 하였다. 그리고 나서 이번에는 원이 금돼지에게 "당신은 이 세상에서 무엇이 제일 무서운가?" 물어 보았다. 그랬더니 금돼지가 말하기를 "나는 이 세상에서 사슴 가죽이 제일 무섭다." 하면서 머리를 흔들었다.

그 이튿날 금돼지는 어디론지 나가려고 하여 먼저 원이 제일 무서워하는 떡을 굴밖에 많이 쌓아놓고 또한 달아날수 없도록 하여 놓고 나가 버렸다. 굴속에 갇혀 있는 원은 달아날 수 없었으나, 무엇보다도 좋아하는 떡이 많이 있었으므로 그것을 먹고 있었다. 그리하여 며칠이 지났다. 그는 어떻게 그 굴을 빠져나갈까 하고 궁리를 하였으나 아무리 생각을 해도 빠져나갈 방법이 없었다.

그렇게 며칠 지나온 군수는 "나는 사슴이 제일 무섭다." 고 한 금돼지의 말을 생각하였다. 어디 사슴 가죽이 없는가 하고 찾아보았으나 본래부터 굴 속에 사슴가죽이 있을 수 없었다. 다만 있으면 좋겠다 생각하면서 갇혀 있는 굴문 앞에 서 있었다. 그때 문득 생각난 것은 자기 허리에 차고 있는 열쇠끈이었다. 그것은 실로 가늘고 조그마한 사슴 가죽이었던 것이다.

군수는 이것만 있으면 하고 좋아서 혼잣말을 하고 있을 때 마침 금돼지가 이상하게 머리를 흔들면서 이번에는 원의 아내를 데리고 들어왔다. 이것을 본 군수는 깜짝 놀랐으나 기운을 내어, 때는 이 때라고 생각하고 허리에 찾던 사슴가죽을 꺼내어 금돼지에게 보이면서 "이놈아 이것이 무엇인 줄 아느냐?" 고 고함을 질렀다. 이것을 본 금돼지는 갑자기 기운이 빠져서 엎드려 벌벌 떨고 있었다. 이것을 본 군수는 더욱 기운을 내어 금돼지를 칼로 찔러 죽였다.

이리하여 군수 내외는 많은 보물을 가지고 집으로 돌아와서 큰 부자가 되었다고 한다.

<1936년 7월 금화군 읍내 박기도씨 談, 한국민족전설집에서>

6. 돼지 코는 왜 납작할까?
(출전:동물들에 대한 옛이야기 모음, 푸른나무)

옛날하고도 아주 옛날의 일입니다. 하루는 하느님이 닭과 개와 돼지를 불러 모았습니다.

"너희들은 지금부터 땅으로 내려가서 인간들을 위해 뭔가 착한 일을 하도록 해라."

하느님이 명령하셨습니다. 닭과 개와 돼지는 하느님의 분부대로 사람들을 위해 좋은 일을 하려고 애썼습니다. 얼마 동안의 세월이 지나자 하느님이 다시 닭과 개와 돼지를 불러 모았습니다.

"그래, 그동안 너희들이 사람을 위해 한 일을 말해 보아라."

맨 먼저 닭이 말했습니다.

"예, 저는 사람들을 위해 때를 알려 주는 일을 했습니다."

"때를 알려주다니?"

"예, 새벽마다 홰를 치고 울어서 날이 밝았다는 것을 알려 주었지요. 그러면 사람들은 일어나서 일을 하러 나갔습니다. 만일 제가 새벽이 된 것을 알리지 않았다면, 사람들은 모두 늦잠을 자지 않았겠습니까?"

"음, 듣고 보니 그렇구나. 넌 착한 일을 했으니, 톱니처럼 생긴 빨간 볏을 상으로 주마. 앞으로 머리에 달고 다니도록 해라."

이렇게 해서 오늘날에도 닭은 머리에 빨간 볏을 달고 다니게 되었답니다.

다음에 하느님은 개에게 물었습니다.

"그래, 개야. 너는 그동안 무슨 일을 했느냐?"

"예, 저는 사람들의 집을 지켜 주었습니다."

"집을 지키다니?"

"낮에 사람들이 들로 일을 하러 나가면 집이 비지 않습니까? 그러면 제가 사람들의 집을 지켜 주고, 밤이 되어 사람들이 고단하여 모두 잠들면 도둑이 들지 않게 또 집을 지켰습니다."

"아니, 그럼 너는 통 잠을 자지 않았단 말이냐?"

"아닙니다. 사람들이 낮에 집에 있을 때는 안심하고 몇 시간씩 잠을 잤습니다."

하느님은 개의 말을 듣고 고개를 끄덕였습니다.

"듣고 보니 그럴 듯하구나. 네게도 상으로 다리 하나를 더 주겠다."

개는 너무도 하느님이 고마웠습니다. 여태까지는 다리가 세 개밖에 없어서 잘 걷거나 뛰지도 못했거든요. 개는 하느님이 준 다리를 소중하게 여겼습니다. 그래서 요즘도 오줌을 쌀 때는 하느님이 준 다리만은 꼭 들고 싼답니다. 그것은 더러운 오줌이 귀한 다리에 묻지 않게 하기 위해서지요.

마지막으로 하느님은 돼지에게 물었습니다.

"돼지는 어떤 착한 일을 했느냐?"

"꿀꿀"

"아니, 대답은 하지 않고 왜 꿀꿀거리기만 하느냐?"

"하느님, 용서해 주십시오. 착한 일은 개와 닭이 다 해 버려서, 전 할 일이 없었습니다. 그래서 날마다 사람들이 주는 것을 먹고 잠만 잤습니다."

"아니, 뭐라고. 이런 게으른 놈 같으니라고."

하느님은 너무나 화가 나서 옆에 있던 칼을 번쩍 들어 돼지의 코를 싹둑 잘라 버렸습니다. 그 때문에 돼지 코는 오늘날처럼 칼로 벤 듯이 납작해졌다고 합니다.

아기양과 아기돼지

아기양과 아기돼지가 한 우리에 살고 있었다.

어느 날 주인이 들어와 아기돼지를 붙잡으려고 하자, 아기돼지는 꿀꿀거리며 좁은 우리안을 이리저리 도망쳐 다녔다.

아기양이 그것을 보고 이상하다는 듯이 말했다.

"우리도 주인이 가끔 밖으로 데리고 나가지만 너처럼 소리치며 도망다니지는 않아."

그러자 아기돼지가 가쁜 숨을 몰아 쉬며 말했다.

"너희들은 나가서 털을 깎일 뿐이지만 나는 죽어서 사람들의 저녁 반찬이 되어 저녁상에 오르게 되니까 그렇지."

7. 여우와 멧돼지

멧돼지 한 마리가 나무에 열심히 어금니를 갈고 있었다.

그 곁을 지나가던 여우가 이것을 보고 이상해서 물었다.

"멧돼지야, 너는 왜 이렇게 이를 갈고 있니? 지금은 사냥꾼도 안 보이고 사냥개도 없잖아. 그런데 뭐가 걱정스러워서 그래?"

멧돼지가 대답했다.

"네 말도 그럴듯하지만, 어금니를 써야 할 때 갑자기

날카롭게 갈려고 해봐야 그때는 이미 늦잖아. 미리미리 준비 해 둬야지."

출전: 이솝이야기, 이솝지음, 도서출판 곰 1994, 서울

8. 도술 닦은 곰과 산돼지

옛날 경상도 지리산에 여러 백 년 묵은 산돼지가 살고 있었습니다. 그는 산신령 밑에서 도를 닦아 둔갑술을 익혔습니다.

이 산돼지가 어느 날 팔도 강산을 구경하려고 길을 떠났습니다. 이 산 저 산 두루 돌아다니며 구경을 하는데, 어느 날 우연히도 곰 한 마리를 만났습니다. 보아하니 이 곰 역시 여러 백 년을 묵었는지 예사로운 곰과는 달랐습니다.

"곰 서방, 우리가 이런 곳에서 만난 것도 인연이니 서로 인사나 하세."

"응, 그러지. 나는 백두산에 사는 곰인데, 그곳 산신령에게서 둔갑술을 배웠지. 그래서 우리 팔도 강산이나 구경할까 하고 이렇게 돌아다니는 중일세."

곰의 얘기를 들은 산돼지는 자기의 경우와 비슷한 곰을 만난 것을 기뻐했습니다.

"히여, 이것 참 희한한 일이네! 어쩌면 내 생각과 똑같은가? 나도 사실은 지리산의 산신령께 둔갑술을 배워서 지금 팔도 강산을 구경하며 돌아다니는 중이거든. 이거 얼마나 잘됐는가? 이왕 우리가 이렇게 만났으니, 함께 친구삼아 같이 다니도록 하세."

"그래? 그것 참 잘됐네! 둘이서 다니면 심심하지도 않고, 둘 다 둔갑술을 익혔으니 겁날 것도 없고, 이거 얼마나 잘 된 일인가?"

이리하여 산돼지와 곰은 그날부터 함께 구경을 다녔습니다. 그러다 그들은 늘 보는 산만 볼 것이 아니라, 사람들이 사는 인간 세계도 구경하고 싶어졌습니다.

"곰 서방, 우리 둘 다 둔갑술을 익혔으니 사람으로 둔갑하여 사람들 동네에도 내려가서 구경을 하세나."

"그것 참 좋은 생각이로군! 그래, 우리 둘 다 사람으로 둔갑하세."

이리하여 곰과 산돼지는 금방 사람으로 둔갑했습니다.
그래서 그들은 마음놓고 사람들이 사는 동네나 마을을 구
경하며 다닐 수가 있었습니다.

그러던 어느 날, 해가 저물 무렵 어느 마을로 들어가니
울음소리가 들려 왔습니다. 이상하게 여긴 그들은 그 집
으로 찾아갔습니다. 그리고 주인을 찾아 초상이 났느냐고
물어 보았습니다.

"초상이 나서 우는 것이 아닙니다. 하지만 내일이면 내
사랑하는 딸이 죽게 되니까 서러워서 운답니다."

곰과 산돼지는 점점 미심쩍어서 주인에게 그 까닭을 물
어 보았습니다.

"아니, 내일 죽게 되다니요? 따님이 큰 병이라도 걸렸
습니까?"

"병이라뇨? 차라리 아파서 죽는다면야 이렇게 울지도
않겠습니다."

주인이 알 수 없는 얘기를 하자 곰이 궁금해서 물었습
니다.

"병이 아닌 생사람이 죽게 되니 더 억울하고 서럽답니
다."

이번에는 산돼지가 물었습니다.

"생사람이 죽게 되다니요? 주인장, 그게 도대체 무슨

말입니까?"

"어디서 오신 분들인지는 몰라도, 이 마을에는 해마다 이런 난리를 겪는답니다."

"난리요? 주인장, 그 난리가 어떤 난리인가 좀 들어봅시다. 우리가 도울 일이라면 도와 드릴게요."

곰과 산돼지는 주인을 보고 채근했습니다. 그리고 속으로는 둔갑술까지 익혔으니 웬만한 일이라면 해결해 줄 수도 있다는 자신이 생겼습니다.

"말 마시오. 어림도 없는 말씀입니다. 사람의 힘으로는 어쩌지도 못한답니다."

"아니? 도대체 어떤 일인데 사람의 힘으로 안 됩니까? 어디 한번 속시원히 말씀해 보세요. 이래봬도 우리 두 사람은 아직 젊어 기운이 팔팔합니다."

"그럼, 이왕 얘기가 났으니 말씀드리리다. 이 마을 뒷산에 큰 굴이 있는데 그 굴 안에는 여러 백 년 묵은 큰 게 한 마리가 살고 있답니다."

곰과 산돼지는 그 말을 듣고 깜짝 놀랐습니다.

"예? 그래, 그 게가 사람을 해칩니까?"

"해치다뿐입니까? 온 마을을 돌아다니며 사람들을 못살게 굴고, 가축들을 모조리 잡아먹습니다."

곰과 산돼지는 속으로 신이 났습니다. 여태까지 닦은

도술로 이 게를 죽여 없애야 되겠다고 생각했습니다.

"그래서요?"

"그래서 우리 마을 사람들은 의논을 하여 해마다 어린 딸 하나씩을 게에게 바치기로 했답니다."

"예. 그래, 어린 딸아이를 바치니 괜찮던가요?"

"아이를 바치면 그 일 년 동안은 무사했어요. 그런데 드디어 내일 내 딸아이를 게에게 바쳐야 하는 차례가 되어 이렇게 울고 있답니다."

비로소 곰과 산돼지는 그 주인이 서럽게 우는 까닭을 알았습니다. 곰과 산돼지는 한참 동안 귀엣말을 서로 주고받더니, 산돼지가 말했습니다.

"주인장, 염려하지 마십시오. 내가 그 게를 죽여 없앨테니까요."

"아니, 그건 안 될 말입니다. 성의는 고맙지만, 여러 백 년 묵은 게를 어떻게 당합니까?"

"염려 마시고 이 사람에게 맡겨 보세요. 이 사람의 힘은 보통이 아닙니다."

옆에 있던 곰이 권했습니다.

"하지만, 혹 그놈의 게에게 당하실까 염려가 되어서요."

"그건 걱정 마시고, 내 청을 들어주셔야 합니다."

"무슨 청인데요? 딸아이가 살 수만 있다면야 무슨 청인들 못 듣겠어요. 자, 어서 말씀해 보세요."

"주인장, 따님의 옷을 제게 갖다 주세요. 그러면 그 옷을 입고 제가 내일 그 굴 앞으로 가겠습니다."

주인은 의아하게 생각하면서도 그러기로 했습니다.

마침내 이튿날이 되었습니다. 산돼지는 그 집 딸아이의 옷을 바꿔 입자, 둔갑을 하여 그 집 딸아이의 얼굴이 되었습니다. 그리고 마을 사람들을 따라 뒷산 굴 앞으로 갔습니다. 마을 사람들은 딸아이로 둔갑한 산돼지를 굴 앞에 놓아 둔 채 마을로 내려갔습니다.

굴 앞에서 산돼지가 웅크리고 있으니까, 과연 쏴 하는 소리를 내며 어마어마하게 큰 게 한 마리가 엉거정 엉거정 기어 나왔습니다. 그리고 앞발을 쳐들고 딸아이로 둔갑한 산돼지에게 달려들었습니다. 이때에 산돼지는 본디대로 주둥이가 긴 산돼지로 바뀌었습니다. 그리고 게의 옆구리를 콱 물었습니다. 그러자 게는 기겁을 하고 도로 굴 속으로 도망을 쳤습니다. 그리고 다시 나오지 않았습니다.

산돼지는 게를 놓쳐 버려 분하기가 짝이 없었습니다. 그러나 혼이 났으니 다시는 마을로 내려와 사람들을 해치지는 않을 것이라고 생각했습니다. 산돼지는 다시 사람으로 둔갑하여 어젯밤 묵은 주인집으로 내려왔습니다. 모두들 죽었을 줄 알았던 산돼지가 살아서 돌아오자 놀라지 않는 사람이 없었습니다. 산돼지가 게와 싸운 사실 이야기를 하자, 그들은 고마워서 코가 땅에 닿도록 절을 했습니다.

게를 잡아 죽이지 못한 것이 분하기는 했지만, 곰과 산돼지는 그 마을을 떠나 다시 다른 마을로 길을 떠났습니다. 얼마를 가는데 큰 냇물이 나왔습니다. 곰과 산돼지는 그 내를 건너기 위해서 거북으로 둔갑을 했습니다. 둘이서 헤엄을 쳐 냇물을 건너는데, 냇물 한 복판에서 다른 거북 한 마리를 만났습니다.

"여, 친구. 자넨 어디로 가는가?"

산돼지가 물었습니다.

"나? 아주 급한 일이 있어서 저 건너 산으로 가는 길이네."

"아니, 산엔 뭣 하러 가나?"

"응, 저 산의 굴 속에 나와 친한 친구인 게 한 마리가 살고 있는데, 간밤에 산돼지란 놈에게 물려 크게 다쳤다네. 기별을 듣고 고쳐주러 가는 길일세."

"그렇게 해준다면 그 게도 매우 기뻐하겠지. 이리하여 그들은 굴 속에 있는 게를 찾아갔습니다. 곰과 산돼지가 게를 보니 그 게는 정말로 큰 상처가 나 있었습니다. 이

때였습니다. 곰과 산돼지는 본디대로 무서운 곰과 산돼지로 바뀌어 그 게를 가루가 날 정도로 자근자근 깨물어 죽였습니다. 마침내 게가 죽자 곰과 산돼지는 다시 사람으로 둔갑하여 어제 묵었던 그 마을로 찾아갔습니다. 그리고 게가 죽었다는 얘기를 해주었습니다. 이 이야기를 듣자 동네 사람들은 뛸 듯이 기뻐했습니다.

"정말 고맙습니다. 이 은혜를 잊지 않겠습니다. 우선 두 분의 소원이 무엇인가 알고 싶습니다. 사양말고 어서 말씀해 보십시오."

"정 그러시다면 말씀드리겠습니다. 소 두 마리만 잡아주십시오."

그러자 마을 사람들은 당장 백정을 불러서 소 두 마리를 잡아다가 그들 앞으로 가져 왔습니다. 마을 사람들이 소 두 마리를 잡아 그들 앞으로 가져오자, 그들은 본디대로 곰과 산돼지로 둔갑하더니 그 쇠고기를 다 먹어 치우고는 어디론지 가버렸습니다.

9. 분수 몰라 팔려간 돼지

옛날 어느 산골에 할머니 한 분이 살았습니다. 할머니에게는 아들딸이 없었습니다. 그래서 집안은 늘 쓸쓸했습니다. 그러나 할머니는 돼지와 개를 길렀기 때문에 조금은 위안이 되기도 했습니다. 무럭무럭 살이 쪄가는 돼지나, 꼬리를 살래살래 흔들며 반겨주는 개를 보면 모든 시름이 조금은 가시는 듯 했습니다.

어느 날 할머니가 나물을 뜯으러 나간 뒤였습니다. 집에는 돼지와 개만이 남아 있었습니다. 개는 심심해서 무슨 좋은 수가 없나 하고 생각해 보았습니다. 그러다가 문득 돼지 우리곁으로 가서 돼지와 좀 놀아야겠다고 생각했습니다. 그래서 개가 돼지 우리 곁으로 다가가니, 돼지는 쿨쿨 낮잠을 자고 있었습니다. 돼지 우리 곁에서 꽥 고함을 질렀습니다. 자고 있는 돼지를 놀라게 해주기 위해서입니다.

"난 누구라고. 개야, 너 언제 왔니?"

조금도 놀라는 기색이 안 보였습니다. 돼지는 두 눈만 껌벅일뿐 일어나지도 않았습니다. 개는 이 미련한 꼴을 보자 화가 치솟았습니다.

"돼지야, 손님이 오면 좀 일어나야지. 어째 넌 그렇게도 미련하니?"

"야, 웃기지마. 네가 무슨 손님이니? 난 솔직히 말해서 네가 좀 밉거든. 네가 뭔데 내가 일어나니? 야, 웃기지마. 내 살 빠지겠다."

"아니, 넌 한 집에 살면서 뭐가 또 못마땅해서 나를 미워하니?"

개도 바짝 약이 올랐습니다.

"야, 우리집 할머니는 너만 귀여워하고 난 미워한단 말이야. 그래서 샘이 나거든."

"그 착하신 할머니가 왜 밉니? 넌 정말 비쭉새구나."

"임마, 들어보라고. 네겐 밥이나 맛있는 누룽지를 주지

만 내게는 구정물이나 밥찌꺼기만을 준단 말이야. 그리고
늘 우리 속에다 가둬 놓지 않니? 너처럼 집 밖으로 나가
구경도 못하게 하지 않니? 왜 나를 이렇게 미워하고 너만
귀여워하는지 몰라?"

"이 바보야, 그것도 몰라? 역시 넌 이런 우리 속에나
평생 갇혀 살면서 구정물이나 뜨물이나 밥찌꺼기를 먹어
야 겠구나."

"너 지금 누굴 약올리는 거야? 그래, 너 때문에 그 할
미가 날 미워하고 너만 귀여워하니?"

돼지의 숨소리가 거칠어졌습니다. 되게 부아가 난 모양
이었습니다.

"이 맹꽁아, 넌 늘 밥만 먹고 잠만 자니까 그렇지. 나는
밤마다 잠도 자지 않고 도둑을 지키지 않느냐? 그러기 때
문에 우리 할머니도 편안히 주무실 수 있고 또 너도 도둑
을 안 맞지 않니? 따지고 보면 넌 내게 고맙다고 인사라
도 해야 된단 말야. 이제 할머니가 날 귀여워하고 널 미
워하는 이유를 알았지?"

이 말을 듣자 어리석은 돼지는 아무 말도 못했습니다.
듣고 보니 개의 대답이 그럴 법했기 때문입니다.

'옳지, 이제야 알겠구나. 나도 그럼 오늘 저녁부터는 잠
을 자지 말고 도둑을 지켜야지. 그럼 나도 할머니한테 귀

여움을 받을 수 있겠지. 요놈아, 어디 두고 보자. 네가 더 귀여움을 받나, 내가 더 귀여움을 받나 두고 보라구. 어림도 없을걸!'

이리하여 돼지는 그날 밤부터 돼지 우리를 왔다갔다하고 "꿀꿀꿀" 하면서 잠을 자지 않았습니다.

그런데 잠자던 할머니가 이 돼지 울음소리에 잠을 깼습니다. 그런 줄도 모르고 돼지는 그냥 울어댔습니다.

'아뿔싸, 저 돼지가 병이 났나 보구나. 내일은 침쟁이를 불러와서 침을 놓아야겠다.'

이튿날이 되자 할머니는 정말 침쟁이를 데리고 와서 돼지에게 침을 놓았습니다. 돼지는 뜻밖의 일이라 뭣 때문에 침을 놓는지를 몰랐습니다. 그러다가 문득 이런 엉뚱한 생각이 또올랐습니다.

'응, 내가 소리를 덜 지르고 도둑을 지키니까 침을 놓는 것이로구나. 오늘밤에는 좀더 큰 소리로 울어대야겠구나.'

"꿀꿀꿀"

돼지의 울음소리는 밤하늘에 메아리쳐 울려 퍼졌습니다. 이 소리를 듣자 할머니는 짜증이 났습니다.

'저 돼지가 아마 더 아픈 모양이구나. 저대로 그냥 두었다가는 죽고 말겠는걸. 내, 내일 저 놈을 장에 끌고 가

서 팔아야 되겠다.'

이렇게 해서 돼지는 그 이튿날로 팔려서 딴 곳으로 가
게 되었습니다.

출전: 한국전래동화집(7), 이원수·손동인 엮음, 창작과 비평
사, 1996, 서울

12띠의 민속과 상징⑫ 돼지띠

인쇄 • 1998년 1월 7일
발행 • 1998년 1월 15일

지은이 • 윤 광 봉
펴낸이 • 정 찬 용
만든이 • 한 봉 숙
펴낸곳 • **국학자료원**

등록번호 • 제2-412호
주소 • 서울시 성동구 행당동 28-7 정우B/D 405호
전화 • 2937-949／2917-948
팩시밀리 • 2911-628

값 • 5,000원

* 잘못된 책은 바꾸어 드립니다.
* 저자와의 협의하에 인지 생략함.